SKI STYLE

Die Deutsche Bibliothek – CIP-Einheitsaufnahme

Ski Style :

Wohnen und Lebensart von Aspen bis St. Moritz/

Alexandra Black. Fotogr. von Simon McBride.

[Aus dem Engl. von Nina Thelen. Red. Susanne Pütz].

- Köln : DuMont, 1999

Einheitssacht.: Ski style <dt.>

ISBN 3-7701-4976-9

Originaltitel: Ski Style – Alpine Interiors, Architecture & Living Style in Ski Resorts from Aspen to St Moritz

Aus dem Englischen von Nina Thelen

Redaktion der deutschsprachigen Ausgabe:

Susanne Pütz, Bonn

Umbruch: Nicole Hardegen, Köln

Printed and bound in Italy

ISBN 3-7701-4976-9

SKI STYLE

WOHNEN UND LEBENSART VON ASPEN BIS ST. MORITZ

FOTOGRAFIEN VON SIMON MCBRIDE

TEXT VON ALEXANDRA BLACK

DUMONT

EINLEITUNG VON WAYNE POULSEN

In einem knappen Jahrhundert hat sich das Skilaufen von seinen primitiven Anfängen zu einer komplexen und im Sport einzigartigen Mischung aus Technik und Ausrüstung, Mode und Design entwickelt. Der moderne Skisport geht auf eine kleine Gemeinde von Visionären zurück – Propheten wie André Roch aus der Schweiz, Arnold Lunn aus Großbritannien und eine Schar junger Amerikaner –, die für sich einen ganz eigenen Lebensstil in den Bergen entwarfen. Die Entdeckung der alpinen Landschaften als Winterparadies blieb diesen Skipionieren vorbehalten – sie schnallten sich Bretter unter die Füße und erklommen die Berge. Oben angekommen wurden sie für die Anstrengungen reichlich belohnt: Leicht berauscht von der kristallklaren Luft, offenbarte sich ihnen bei strahlendem Sonnenschein der unvergleichliche Anblick der Gipfel über den Wolken.

Ski Style läßt uns an einer Lebensart teilhaben, die aus diesem winterlichen Sportvergnügen geboren ist. Auf den folgenden Seiten werden Wohnhäuser in den geschichtsträchtigsten Skigebieten vorgestellt: in der Schweiz, in Italien und in Aspen/Colorado. Die Schweiz ist der Inbegriff alpiner Szenerie. Ob in abgeschiedenen Dörfern oder eleganten Urlaubsorten – überall wird deutlich, daß der moderne Skisport tief in der Tradition verwurzelt ist; sichtbar etwa in den schmucken Kieferntäfelungen der Bauernhäuser und in den geschnitzten Fensterläden und Balkongeländern der Chalets. In Italien stoßen wir auf eine ähnlich lebendige Tradition, diesmal getragen vom besonderen Flair und der vielgerühmten Eleganz dieses Landes. In Aspen läßt sich Aufstieg und Fall einer Silberminenstadt nachvollziehen. Vieles aus dieser Zeit ist noch sehr gut erhalten, und mit Leidenschaft knüpft man dort an diese Vergangenheit an.

Der ganz eigene ›Ski Style‹, der bei Häusern dieser Bergregionen erkennbar ist, nutzt allerorts die Traditionen des Handwerks. Nur im Zusammenwirken verschiedener Kunsthandwerker gelingt es, diesem unauflöslichen Gefüge aus Stein und Holz, Textilien und Zierat, aus dem ein alpines Domizil besteht, Leben einzuhauchen, und ob ein Dorf über diese wertvolle Ressource verfügt oder nicht, ist unmittelbar erkennbar. Doch der ›Ski Style‹ ist nicht in der Tradition gefangen. Er integriert moderne Elemente mit der gleichen Leidenschaft wie Althergebrachtes. Dieser Stil hat das Ziel, sich im rauhen Gebirge zu behaupten – und gleichzeitig die wundervolle Aufgabe, die Sonne, das Bergpanorama und die Lebenskultur der Skiläufer widerzuspiegeln.

St. Moritz

Alpine Tradition

St. Moritz, Gstaad & Klosters

GEGENÜBER Die heimelige Atmosphäre des Chesa Grischuna erinnert eher an eine private Pension als an ein Hotel. Es hat mit dafür gesorgt, daß Klosters sich zum Geheimtip einer erlesenen Gästeschaft entwickelte.

Alpine Tradition

Lange Zeit blickten Reisende voller Ehrfurcht auf die hohen Gipfel der Schweizer Alpen. In alten Zeiten verehrte man diese Berge als Wohnsitz der Götter, und die Romantik stilisierte sie zum Quell spiritueller Energie. Geschichte, Kunst und Kultur der Schweiz wurden von den geographischen Merkmalen der Alpenregion bestimmt, und deren besondere Ästhetik findet sich im ganzen Land wieder: Das gilt nicht nur für Lebkuchen und herzförmige Gucklöcher, Kuhglocken und Kuckucksuhren, sondern auch für das alpine Chalet mit seiner Holz- und Steinfassade, den kleinen Fenstern mit hölzernen Läden, den tief herabgezogenen Dächern und den geschnitzten Balkongeländern. Dieser Haustyp, perfekt an seine Umgebung angepaßt, hat sich über Hunderte von Jahren kaum verändert. Und ob Bauernhaus, Berghütte oder Wohnhaus im Ort, alle Chalets sind aus dem Tannenholz der unteren Alpenhänge gebaut – aus dem Baustoff, der unmittelbar zur Hand ist.

Über Jahrhunderte gehörte diese Bergregion mit ihrer unverwechselbaren Architektur und Lebensart allein den Alpenbewohnern, die auf den saftigen Wiesen ihre Herden weiden ließen. Erst seit dem 18. Jahrhundert wagten sich auch Fremde in die Alpen vor. Johann Wolfgang von Goethe entdeckte 1775 als einer der ersten Besucher seine Liebe zu der dramatischen Szenerie und schätzte die spirituelle Kraft, die von der Gegend ausging. Sein Naturverständnis war wesentlich durch seine Erfahrung der Schweizer Bergwelt geprägt. Andere fanden in den unerreichbaren Gipfeln der Alpen Trost und in ihrer Schönheit Inspiration. Der englische Romantiker Lord Byron zog sich 1816 ins Berner Oberland zurück, um der gesell-

schaftlichen Ächtung in London zu entfliehen, und begann hier sein dramatisches Gedicht *Manfred.* Auch Mark Twain, Henry James, Alexandre Dumas und William Turner verfielen den Reizen der Alpenregion, und mit ihren Gemälden, Gedichten und Romanen beeinflußten sie die Vorstellungswelt ihrer Zeit: Die Alpen wandelten sich zu einer romantischen Ikone.

Logische Folge dieser Faszination war der Beginn des Alpentourismus. Zunächst kamen die Besucher nur im Sommer, um die mit Wildblumen übersäten Wiesen oder die nackten Felslandschaften zu bewundern, um die dünne Luft zu atmen oder die Massive des Engadins zu erklimmen. Später dann reisten sie auch im Winter in die Region, angelockt von der klirrenden, aber belebenden Kälte und den sportlichen Möglichkeiten wie Eislaufen, Schneeschuhwandern – und Skifahren.

Die Karriere der Schweiz als winterliches Urlaubsziel begann in einem kleinen Hotel in St. Moritz. Der Engadiner Ort liegt spektakulär zwischen Berggipfeln, die sich über einer sich durchs Tal schlängelnden Seenkette erheben. 1864 – im selben Jahr, in dem Thomas Cook seine erste Pauschalreise in die Schweiz leitete – machte der Hotelier Johannes Badrutt einer Gruppe britischer Touristen, die bei ihm den Sommer verbrachte, ein interessantes Angebot: Wenn sie im kommenden Winter ihren Urlaub in St. Moritz verbrächten, würde er ihre Rückfahrt bezahlen und sie außerdem kostenlos im Hotel wohnen

GEGENÜBER In den 1950er Jahren hatten sich die Skiorte St. Moritz, Gstaad und Klosters als beliebte Winterreiseziele etabliert. Das Skifahren war nicht nur eine gesunde sportliche Betätigung, sondern bot auch Anregungen für Geist und Seele.

RECHTS Die Schweizer machten Ski- und Bergferien zur eleganten Mode. Das Gewicht lag auf belebendem Sport, überwältigender Natur und traditioneller alpenländischer Gastlichkeit – und nicht zuletzt auf dem gepflegten Après-Ski nach einem anstrengenden Tag auf den Pisten.

lassen. Sie sollten, so versprach er, nicht enttäuscht werden. Die Engländer nahmen ihn beim Wort, reisten Weihnachten im Pferdeschlitten an und blieben die gesamte Saison – der Winterurlaub in den Schweizer Alpen war geboren. Skilaufen stand zunächst zwar nicht auf dem Programm der Touristen, aber bereits zu Beginn des 20. Jahrhunderts hatte es sich als schicke neue Wintersportart durchgesetzt. Und St. Moritz selbst etablierte sich als Urlaubsziel ersten Ranges.

Nach dem Ersten Weltkrieg und dem Beginn der Weltwirtschaftskrise suchten viele Europäer in den Schweizer Alpen Ablenkung. Die Berge ermöglichten einen vornehmen Eskapismus und trafen gleichzeitig den Nerv der Zeit: »Höher, schneller, weiter« hieß das neue Motto. 1928 rückten die Olympischen Winterspiele St. Moritz ins Rampenlicht der Welt. Aber der Ort war inzwischen viel mehr als nur ein Wintersportort. Das Wohnen in den luxuriösen Chalets war nicht minder attraktiv als das Skifahren selbst. Und so zog es in den 50er und 60er Jahren eine mondäne, urbane Klientel nach St. Moritz und in die noch jungen Skiorte Gstaad und Klosters. Die Gäste genossen die sportliche Betätigung, die überwältigende Landschaft und nicht zuletzt die Freuden des Après-Ski. Schnittig gekleidete Skifahrer mögen sich als Bezwinger der Berge rühmen und mit ihrem Können auf den Pisten prahlen. Doch damals wie heute sind es die wärmenden Kaminfeuer und sonnigen Terrassen, die gemütlichen Chalets mit ihrer traditionellen Architektur und Einrichtung sowie die verführerische Aussicht, den Tag mit Glühwein und einem klassischen Schweizer Fondue ausklingen zu lassen, die den wahren Reiz eines Skiurlaubs in den Alpen ausmachen.

GEGENÜBER Das oberhalb von Klosters gelegene Bauernhaus aus dem 19. Jahrhundert war ein Glücksgriff für die Künstlerin Sonya Knapp. Sie stockte das Haus um ein Atelier auf und verwendete dafür einheimische Hölzer, so daß die Erweiterung nahtlos mit dem ursprünglichen Bau verschmilzt.

Refugium in den Bergen

In einem so beliebten Urlaubsziel der Alpen wie Klosters ein passendes Domizil in der Stadt zu finden, ist allein schon schwierig – so gut wie unmöglich ist es jedoch an den ruhigen Hängen oberhalb des Ortes. Strenge Auflagen verhindern den Bau neuer Gebäude, und die alten Bauernhäuser bleiben zumeist im Besitz der seit Generationen im Tal ansässigen Familien. Sonya Knapp ist eine der wenigen Fremden, die ein Stück dieses Paradieses ergattern konnte.

Die Künstlerin, die zunächst in einem kleinen Appartement im Zentrum von Klosters gewohnt hatte, sehnte sich nach der Abgeschiedenheit und dem Freiraum, den ihr ein eigenes Haus bieten würde. Schließlich entdeckte sie hoch über dem Tal an der Südseite des Gotschna ein traditionelles Bauernchalet, das zum Verkauf stand. Das Haus wurde ihre Zufluchtsstätte, ein Hort der Geborgenheit, in dessen Gestaltung sie all ihre Leidenschaft steckte.

Der eingeschossige Bau aus dem Jahre 1893 erforderte massive Umbauten, um Sonya Knapps Vorstellungen gerecht zu werden. Er wurde um eine weitere Etage aufgestockt, in der sich ihr geräumiges Atelier befindet, und das Erdgeschoß wurde erweitert. Nahtlos fügen sich die neuen Elemente in den ursprünglichen Bau ein: Von außen sieht das Obergeschoß aus, als sei es immer schon dort gewesen, und auch im Inneren wahren alte Hölzer die Einheitlichkeit des ursprünglichen Hauses. Was das Chalet jedoch so reizvoll macht, sind das Gespür der Künstlerin für Farbe und ihre Verbundenheit mit der

RECHTS & GEGENÜBER Naturmaterialien inspirieren die Künstlerin: Draußen bilden nepalesische Holztiere eine drollige Menagerie, innen im Eßzimmer verleihen ein antiker englischer Tisch und die Wandtäfelung aus einer Sakristei dem Raum Wärme und Charakter.

Natur. Die zwei Elemente stehen in einem reizvollen Gleichgewicht; eine Eigenschaft, die auch Knapps Kunst zu eigen ist. Ihre Arbeiten, die man im Atelier und an Wänden im ganzen Haus bewundern kann, sind stilisierte Darstellungen der lebendigen Natur, ob Blumenmotive oder ihr Lieblingsmotiv, schwarze Katzen.

Die Innenausstattung entstand in Gemeinschaftsarbeit mit ihrem Freund und Kollegen Emmanuel Ungaro. Die Wahl des Mobiliars fiel hauptsächlich auf englische Antiquitäten aus dem 17. und 18. Jahrhundert, da ihre soliden Formen und das dunkle Holz mit dem alten Holz der Decken und Wände harmonieren. Die Künstlerin hat für den Modedesigner Ungaro schon früher Stoffe entworfen, und die beiden teilen die Leidenschaft für Farbe und Blumenmotive. Leuchtende Kelims bedecken den Boden, Sofas und Kissen sind mit alten Stoffen bezogen. Ein Aufenthalt in Japan brachte die Anregung, die Schiebefenster in ihrem Atelier mit Shoji-Papier zu verkleiden. Das Reisfaserpapier dämpft das intensive Alpenlicht und macht schwere Vorhänge überflüssig.

Im Winter bedecken blumengemusterte Stoffe die Sofas und Sessel, und getrocknete Blumensträuße setzen leuchtende Farbakzente. Doch alles ändert sich im Sommer, wenn die bunten Bezüge gegen einfache weiße Polster ausgetauscht werden und keine anderen als echte, frische Blumen zu sehen sind. Wenn draußen die grünen Wiesen um die Wette blühen, wirkt auch innen im Haus alles frisch und kühl – so als wenn es passend zum Wechsel der Jahreszeiten Luft hole.

OBEN & RECHTS Das Haus ist in erster Linie ein Ort der Kreativität. Im Winter arbeitet die Künstlerin in ihrem Atelier an Skizzen, Tuschzeichnungen und Skulpturen. Ein langer Japanaufenthalt beeinflußte nicht nur ihre Kunst, sondern auch ihren Wohnraum. Anstelle von Vorhängen dämpfen Shoji-Wände aus Papier und Bambus vor den Fenstern das grelle alpine Sonnenlicht.

LINKS Das Dekor des Hauses wechselt den Jahreszeiten entsprechend: Im Sommer sind Sofas und Sessel in schlichtem Weiß bezogen und die Räume mit frischen Blumen geschmückt. Doch im Winter soll das Haus Wärme ausstrahlen: Satte Farben und auffällige Muster dominieren im Wohnzimmer, ein Resultat der Zusammenarbeit mit dem Modeschöpfer Ungaro.

OBEN Sonya Knapp ist bekannt für ihre stilisierten, aber treffenden Tuschzeichnungen von Blumen und Tieren, vor allem Katzen, die ihre Lieblingsmotive sind.

UNTEN & RECHTS Unter der Treppe bilden getrocknete Hortensien, eine Lampe mit rosenartigem Stiel, eine alte Kuckucksuhr und eine Pastellzeichnung der Künstlerin eines der zahlreichen Stilleben mit Blumenthema. In der Eingangshalle ›jagt‹ eine mit Tusche gemalte große Katze eine Vogelskulptur. Beide sind Sonya Knapps Werk.

GEGENÜBER Im zwanglosen Arbeitszimmer des Bauernhauses aus dem 17. Jahrhundert wurde auf das übliche Durcheinander einer traditionell alpinen Ausstattung verzichtet. Die Eigentümerin entwickelte einen Stil, der an die britischen Kolonialhäuser erinnert.

Heimeliges Winterquartier

Klosters gilt als einer der urigsten Schweizer Urlaubsorte. Das ruhige Bauerndorf, das auch heute noch von der Landwirtschaft lebt, ist der Inbegriff alpiner Gemütlichkeit. Es ist diese behaglich-einladende Ausstrahlung, die den Troß der treuen Gäste angezogen hat. Viele haben sich hier ein zweites Heim geschaffen, einen Rückzugsort, den sie während des ganzen Jahres immer wieder aufsuchen. Doch nur wenige kommen in den Genuß, in einem der alten Häuser wohnen zu dürfen, die das architektonische Erbe von Klosters bilden.

Eva Beckwith hat eine lange Verbindung zu Klosters. Seit sie neun Jahre alt ist, besucht sie das Dorf, das für sie stets ein Stück Heimat war, regelmäßig. Doch das eine Haus, nach dem sie sich sehnte und an dem sie über Jahre täglich vorbeiging, schien immer außerhalb ihrer Reichweite: Das Bauernhaus aus dem frühen 17. Jahrhundert ist von Feldern umgeben und liegt doch nur wenige Fußminuten vom Zentrum entfernt. Seit mehr als hundert Jahren gehört es einer Bauernfamilie aus Klosters. Als Eva Beckwith von einer möglichen Vermietung hörte, sah sie ihre Chance und griff zu. Sie wußte sofort, daß dies der ideale Ort für ihre regelmäßigen ›Wochenendfluchten‹ vor ihrer Arbeit in Zürich sein würde. Der Teil des Hauses, der zur Vermietung stand, war eine große Wohnung im ersten Stock, die 1914 als separater Wohnbereich für die Familie des Bauern und seine Mutter eingerichtet worden war.

RECHTS & GEGENÜBER Das Bauernhaus liegt inmitten eines Feldes und ist doch nur fünf Fußminuten vom Ortszentrum entfernt. Jenseits des Feldes beginnen die hervorragenden Langlaufloipen.

Doch es erforderte noch einige Jahre Geduld und viel Arbeit, bis sie das alte Bauernhaus endlich beziehen konnte. Die Fußböden hingen durch, und alles war mit einer dicken Schmutzschicht überzogen. Beckwith, von Beruf Raumausstatterin, bot den Eigentümern ihre Hilfe bei der Renovierung an. Die alten Holzböden waren die größte Herausforderung. Zunächst wurden die Holzdielen einzeln entfernt, Eisenträger zur Stabilisierung des Bodens eingezogen und dann die Dielen gesäubert und wieder eingesetzt. Außerdem wurden neue Elektroleitungen, Wasserrohre und eine Zentralheizung installiert.

Als Beckwith sich bereits eingerichtet hatte, stand immer noch eine große Aufgabe bevor: die Restaurierung des Parkettbodens im Arbeitszimmer. Auf dem zweifarbigen Boden aus schachbrettartig verlegter heller Ulme und dunklem Ahorn hatte sich über Jahre eine hartnäckige Schmutzschicht festgesetzt, unter der Farbe und Struktur des Holzes kaum noch zu erkennen waren. Dieser heiklen Arbeit nahm sich der Hauseigentümer persönlich an. Einzeln entfernte, numerierte und säuberte er die Teile und setzte sie wieder zusammen. Das Parkett scheint vielleicht eine Spur zu nobel für ein Bauernhaus, aber es war nicht unüblich, daß wohlhabende Bauern ihre Gäste in einem speziell dafür eingerichteten eleganten Raum empfingen. Eher zwanglos wirkt dagegen das Wohnzimmer, das mit gemütlichen Polstermöbeln und auf zahlreichen Auslandsreisen gesammelten Kunstgegenständen eingerichtet ist. Das Zimmer wirkt jedoch nicht überladen. Trotz seiner lockeren, fast kolonialen Ausstrahlung herrscht eine moderne Zurückhaltung, und die großzügige Raumwirkung wird nie aufs Spiel gesetzt.

SALOMON
ROSSIGNOL
ROSSIGNOL
HEAD

OBEN & RECHTS Das Wohnzimmer ist vollständig von dem hellen, honigfarbenen Holz an Wänden, Decke und Boden eingefaßt. Der Raum gewinnt seinen Reiz aus einer zwanglosen Einrichtung mit Möbeln und Accessoires im Kolonialstil wie etwa den Sonnenhüten an der Wand. Das Mobiliar ist schlicht und lenkt die Aufmerksamkeit auf einige wenige, hervorstechende Objekte und Kunstwerke, so zum Beispiel den alten grünen Kachelofen oder das balinesische Gemälde aus Ubud.

RECHTS & UNTEN Eva Beckwiths zurückhaltender Einrichtungsstil schuf wunderbar atmosphärische Räume – sei es das Eßzimmer mit dem französischen schmiedeeisernen Leuchter oder das große Schlafzimmer mit dem balinesichen Korbsessel und der italienischen, mit Applikationen verzierten Tagesdecke.

GEGENÜBER Ein schlichter Bauerntisch und Sitzbänke bilden den Mittelpunkt der Küche. Der Speisenschrank aus Kastanienholz stammt aus der italienischen Region Marken und wird jetzt für Geschirr und Küchenutensilien genutzt.

GEGENÜBER Den großen, zentralen Treppenaufgang ziert alpine Holzschnitzkunst der extravaganten Art. Die Einzelteile wurden in der Werkstatt des renommierten Kunsthandwerkers Romano Pedrini gefertigt und hier zusammengefügt.

HANDWERKSKUNST

Hinter der Fassade eines der Häuser in Klosters verbirgt sich eine Inneneinrichtung, die den regionalen Stil auf einzigartige Weise interpretiert. Die Räumlichkeiten zeugen von einer kultiviert-feinfühligen Haltung: Mit großem Kunstverstand, einer Raffinesse beim Aufstöbern von Antiquitäten und einem Blick für moderne Raumwirkung und zurückhaltende Farbgebung wurde hier eine Innenarchitektur geschaffen, die ganz und gar nicht den konventionellen Erwartungen an ein traditionelles Chalet entspricht.

Das elegante Interieur würde gleichermaßen in eine Mailänder Villa, ein Londoner Loft oder ein Züricher Stadthaus passen, doch die Materialien und die Handwerksarbeiten spiegeln den Charakter der Region wider. Die aus Deutschland stammende Eigentümerin lebt seit vielen Jahren in der Schweiz und besaß bereits Häuser in St. Moritz und Gstaad, bevor die unvergleichliche Lage von Klosters hoch in den Alpen sie gefangen nahm. Das Haus, das sie schließlich fand, stammt aus den 1970er Jahren und bestand, dem traditionellen Stil des Berner Oberlandes entsprechend, aus drei Stockwerken, kleinen Zimmern und einer überbordenden Holzausstattung.

Im ersten Schritt der zwei Jahre dauernden Umwandlung wurde die Raumaufteilung komplett verändert. Die Innenwände wurden eingerissen, so daß sich jetzt großzügige, luftige Räume um einen imposanten Treppenaufgang gruppieren.

RECHTS & GEGENÜBER Im Kontrast zum mächtigen Treppenaufgang, der auch als Ausstellungsfläche genutzt wird, wirkt der Eßbereich intim und gemütlich. Das *Stübli* ist mit altem Holz verkleidet und wird von einem großen offenen Kamin geheizt, der auch als Grill dient. Die angrenzende Küche besitzt einen La Cornue-Herd.

Dieses prächtige Treppenhaus bildet das Zentrum des Hauses und ist für sich selbst schon ein beeindruckendes Kunstwerk. Das vorzüglich geschnitzte Geländer, das sich von Stockwerk zu Stockwerk windet, ist ein Meisterstück des Kunsthandwerkers Romano Pedrini, einer der wenigen, die noch die alpine Holzschnitztradition am Leben erhalten. Die Hauseigentümerin beauftragte ihn außerdem, auch Täfelungen, Zierleisten und andere Schmuckelemente für das übrige Haus anzufertigen. Besonders der weitläufige Wohnbereich mit der aufwendig gestalteten Decke und dem reich verzierten Kamin zeugt von seinem großen Können. Auch das angrenzende Eßzimmer schmückt eine symmetrisch angelegte Deckentäfelung. Alle Elemente wurden in Pedrinis Werkstatt in St. Moritz gefertigt und Stück für Stück in dem Haus in Klosters angebracht.

Der Blick auf die wundervollen Deckenschnitzereien in Wohn- und Eßzimmer sollte nicht durch Deckenlampen beeinträchtigt werden. Für die Beleuchtung sorgen daher Kerzenleuchter im Speisezimmer sowie Wand- und Tischleuchten im Wohnzimmer. Doch am Tage wird jedes künstliche Licht dank zahlreicher großer Fenster, die nach allen Seiten ungehinderte Sicht auf die Berge bieten, überflüssig. Und eben dieser Ausblick erklärt, warum die Eigentümerin die Mühen einer vollständigen Umgestaltung auf sich genommen hat – die außergewöhnliche Lage läßt den Aufwand mehr als gerechtfertigt erscheinen. Im Winter sind die Skipisten und im Sommer die Wanderwege direkt erreichbar, und das ganze Jahr hindurch kann man das beeindruckende Schauspiel der Jahreszeiten vom gemütlichen Wohnzimmer aus bewundern.

RECHTS Pedrinis Handwerkskunst macht den offenen Kamin zum Blickfang des Wohnzimmers. Die Schnitzereien basieren auf typischen Motiven des Berner Oberlandes. Der Raum verbindet traditionelles Handwerk mit modernen Elementen, so auch der Glastisch, dessen Sockel ein aufgeschlagenes Buch darstellt.

UNTEN Den Eßtisch und die zwölf passenden Stühle entdeckte die Eigentümerin in einem Pariser Antiquitätengeschäft. Doch die schlichte Geometrie von Pedrinis Decke stellt selbst diese edlen Stücke in den Schatten.

LINKS & OBEN Um für das Schlafzimmer einen großzügigen, dachbodenähnlichen Raum zu schaffen, wurde die Zimmerdecke entfernt. Hinter einer aufwendig geschnitzten Abtrennung verbirgt sich eine Galerie. Das Mobiliar ist auf ein Minimum beschränkt. Das wuchtige Bett, auf dem sich Samt- und Seidenkissen auftürmen, und eine vergoldete venezianische Kommode aus dem 18. Jahrhundert unterstreichen die luxuriöse Atmosphäre.

A° D° 1455 VEREINIGVNG DER DREI BVNDE *
ZWISCHEN 1300 VND 1500 WIRD DER WALD
VM DAS KLOSTER GERODET VND VON DEN
WALSERN BESIEDELT · DAS KLOSTER KOMMT
VNTER DIE FREIHERREN VON MONTFORT
BIS 1477 DIE HERRSCHAFT DER HABSBVRGER

ꕤ GEGENÜBER Im Zweiten Weltkrieg waren amerikanische Soldaten im Chesa einquartiert. Zurück in den Vereinigten Staaten, schwärmten sie verzückt von diesem Juwel eines privaten Hotels. In den 50er und 60er Jahren war das Chesa Treffpunkt internationaler Prominenz.

Treffpunkt Schweiz

Das romantische Hotel Chesa Grischuna gilt in puncto alpenländischer Gastfreundschaft in familiärer Atmosphäre als *der* Ort in Klosters. Das malerische Chalet besitzt den Ruf, entscheidend zur internationalen Bedeutung des Dorfes beigetragen zu haben. Zu seinen Glanzzeiten in den 50er und 60er Jahren war das Chesa Treffpunkt Prominenter aus aller Welt. Neben Mitgliedern europäischer Königshäuser finden sich im Gästebuch Namen wie Audrey Hepburn, Gene Kelly, Billy Wilder, Greta Garbo und Winston Churchill. Doch ›zu Kopf gestiegen‹ ist dies dem Hotel nie; vielleicht weil die Leitung immer in der Hand derselben Familie lag.

1938 entschied sich der Bergführer und Skilehrer Hans Guler, ein Hotel zu eröffnen und beauftragte den Architekten Hermann Schneider mit dem Bau im Graubündner Stil. Mit nur zehn Zimmern, Restaurant, Bar und großen Sonnenterrassen war das Chesa nie als großes, prächtiges Hotel geplant. Statt dessen vermittelte Hans Guler jedem Gast das Gefühl, Teil einer großen Familie zu sein. Diese behagliche Atmosphäre und eine sorgfältige Gestaltung bis ins kleinste Detail machen den Zauber des Chesa aus. Zahlreiche Handwerker und Künstler arbeiteten an dem einzigartigen Interieur, das die charakteristischen Graubündner Elemente mit einem individuellen Touch versah. Seit dem Tod Hans Gulers und seiner Frau Doris vor wenigen Jahren führen ihre Kinder, Christian und Barbara, die wundervolle Tradition des Chesa Grischuna fort.

❧ RECHTS & UNTEN RECHTS Die Hotelzimmer wirken eher wie die Schlafräume eines Privathauses. Jedes ist individuell und mit einladend wirkenden Holzarbeiten ausgestattet, so daß sich die Besucher wie Gäste einer Familie fühlen. Die Betten und die Daunendecken sind mit reiner Leinenwäsche bezogen.

UNTEN & GEGENÜBER Freunde des Gründers Hans Guler – Künstler und Kunsthandwerker – gestalteten die dekorativen Elemente der Einrichtung: Holzschnitzerei und Malerei im traditionellen Graubündner Stil.

C'est la
vie !!!

GEGENÜBER Im Wohnzimmer treffen der amerikanische Westen und Schweizer Traditionen aufeinander und erzeugen eine kraftvolle, klare Ausstrahlung. Auf dem Tiroler Tisch am Kamin steht eine Sammlung wertvoller Krüge aus dem 19. Jahrhundert.

WILDER WESTEN INKLUSIVE

St. Moritz, sicherlich der extrovertierteste aller Schweizer Skiorte, ist der passende Standort für ein ungewöhnliches Wohnhaus, in dem nicht nur zwei unterschiedliche Kulturen, sondern auch zwei klimatisch gegensätzliche Regionen aufeinandertreffen. Das Chalet im Engadiner Stil liegt hoch über dem Ort in den Bergen. Die Inneneinrichtung orientiert sich teils an regionaler Ausstattung, teils an einem rauhen Wildwest-Stil – denn die Heimat des Mannes, der dieses Bergdomizil geschaffen hat, ist der US-Wüstenstaat Arizona.

Klassische Engadiner Elemente sind die niedrigen Holzdecken und ein Großteil der Möbel wie der bunt bemalte Kleiderschrank im Schlafzimmer oder die Eßstühle mit der ausgesägten Herzform in der Lehne. Andere Elemente zeugen vom Einfluß des westamerikanischen Bundesstaates, so die Schlafzimmerwände aus grob behauenen Holzstämmen und der Kakteengarten, der in der warmen Bergsonne, die durch die Wohnzimmerfenster scheint, ebenso gut gedeiht wie in der Wüste Arizonas. Diese Elemente aus zwei entgegengesetzten Ecken der Erde verbinden sich hier zu einem klaren, maskulinen Stil, der die Aufmerksamkeit eines italienischen Geschäftsmannes und seiner Frau erregte und sie schließlich zum Kauf des Hauses bewegte. Das Ehepaar, das sich hier ausgesprochen heimisch fühlt, hat kaum etwas verändert; lediglich beim Mobiliar fügte es durch die Ergänzung mit einigen alten Erbstücken aus seiner Heimat eine persönliche Note hinzu.

VORHERGEHENDE SEITEN Der Kakteengarten im Wohnzimmer bildet einen geradezu surrealen Gegenpol zu der Aussicht auf die Alpen. Der Eigentümer hatte ihn als Erinnerung an seine Heimat Arizona angelegt.

LINKS & UNTEN Um dem Chalet eine persönliche Note zu geben, mußten die italienischen Eigentümer nichts an der Basisausstattung ändern. Die schlichten weißen Wände im Wohnzimmer und die rustikalen Holzwände des Schlafzimmers schaffen einen klaren Hintergrund für die Möbel und andere Lieblingsstücke des Paares.

GEGENÜBER Um einen Einklang mit der Landschaft zu schaffen, wurde das Haus der Familie Müller aus Granit und Holz der Region erbaut. Unter Verwendung dieser traditionellen Baustoffe schuf der Architekt Arnd Küchel ein modernes Haus inmitten eines 3000 Quadratmeter großen Waldes.

NATURVERBUNDEN

Auf einem begehrten Stück Land in St. Moritz läuft ein moderner Wohnversuch besonderer Art. Einer Schweizer Familie ist es vergönnt, auf einem exklusiven, bis dato unberührten Flecken Erde völlig neu beginnen zu können – und das an einer Schweizer Topadresse. Das von Wäldern umgebene Grundstück liegt am Fuße der Corviglia-Berge: Im Sommer lädt ein Fluß, der hier verläuft, zum Angeln ein, und während der Wintermonate beginnt und endet der Skitag direkt vor der Haustür.

Die außergewöhnliche Lage nahm Familie Müller zum Anlaß, an ihr dort geplantes Feriendomizil mit ganz besonderer Sorgfalt heranzugehen. Für die Ausführung gewann sie den Architekten Arnd Küchel, der das Grundstück für sie entdeckt hatte. Er übernahm nicht nur den Entwurf und die Bauleitung, sondern überwachte – zusammen mit dem italienischen Designer Antonio Citterio – auch die Gestaltung der Innenräume. Auf Wunsch seiner Kunden sollten natürliche Baustoffe verwendet werden, die mit der Landschaft harmonieren. Außerdem sollte das Haus so angelegt sein, daß seine Bewohner sich unmittelbar mit der Natur verbunden fühlen. Das Ergebnis ist ein aus Steinen der Region errichtetes Gebäude, das aus einem dreistöckigen Turm und einem L-förmigen Flügel besteht. Im Erdgeschoß des Turms befindet sich das Kinderzimmer für die beiden kleinen Töchter, darüber das Schlafzimmer der Eltern und ganz oben das Wohnzimmer. Im angrenzenden

LINKS Umgeben von Tannen, eingehüllt in eine dicke Schneedecke und scheinbar in völliger Abgeschiedenheit, wirkt das Haus in den Wintermonaten wie verzaubert.

GEGENÜBER Die traditionellen Schweizer Farben Rot und Weiß erhalten in dem loftähnlichen Wohnzimmer mit der hellen Balkendecke aus Lärchenholz einen modernen Akzent. Den Mittelpunkt des Raumes bildet das große weiße Sofa. Die Kissen sind mit kariertem Baumwollflanell bezogen.

Flügel sind drei weitere Schlafzimmer, die alle ein eigenes Bad besitzen. Von jedem Winkel des Hauses aus blickt man entweder direkt in den Wald, der bis an das Grundstück heranreicht, auf die umliegenden Berge oder in den Garten.

Ungewöhnlich für ein Haus in kälteren Gegenden sind die hohen Decken und die großen Fenster. Keine Vorhänge behindern den Blick nach draußen, so daß nichts den Betrachter von dem Naturschauspiel jenseits der Glasscheiben zu trennen scheint. Einzige Konzession an die Funktionalität sind stabile Holzläden, die, wenn nötig, verschlossen werden, um Wind und Wetter draußen zu halten. Sogar der nach oben führende Rauchfang des Kamins im Wohnzimmer hängt vor einer großen Fensterfront mit Blick auf die Tannen. Damit wurde sogar das wichtigste Element alpiner Innenräume dem wunderschönen Panorama unterworfen. Das rötlich-goldene Lärchenholz der Böden und Balkendecken läßt die weitläufigen Räume wärmer erscheinen, während cremeweißer Stucco Veneziano an den Wänden einen neutralen Hintergrund für vereinzelte Farbtupfer bildet – wie das Rot im Wohnzimmer oder das leuchtende Lavendelblau im großen Schlafzimmer.

Ansonsten ist die Inneneinrichtung jedoch bewußt zurückhaltend gestaltet und wirkt im ganzen auffallend schlicht. Außer einigen modernen Kunstwerken gibt es wenig ablenkende Elemente: keine Sammlungen heimischer Holzschnitzereien, keine Zinnkrüge, antiken Erinnerungsstücke oder anderen Nippes. Einziger ästhetischer Blickfang in diesem einfachen und doch fortschrittlichen Bergdomizil soll die Natur sein.

RECHTS Die Sessel in einer Ecke des Wohnzimmers sind mit Blumendrucken von Tricia Guild bezogen, die eine Fortsetzung des Rot-Weiß-Themas bilden. Auf dem kleinen Balkon steht ein hölzernes Vogelhaus. Im Winter finden hier bis zu dreißig Vögel gleichzeitig Futter. Die leuchtend gelben Raubvogelsilhouetten verhindern, daß die Tiere gegen die Scheibe fliegen.

LINKS Das große Schlafzimmer scheint förmlich zwischen die Äste der Tannen gebaut. Vom niedrigen Bett aus blickt man direkt in den Wald. Die Ausstattung ist funktional und minimalistisch.

OBEN Weit entfernt von dem gemütlichen Durcheinander einer typischen Schweizer Alpenküche, herrscht im Koch- und Eßbereich eine klare, skandinavisch anmutende Einfachheit. Blickfang ist die herrliche Aussicht über das Tal auf die Berge.

GEGENÜBER Über dem im Zentrum des Appartements liegenden Treppenhaus erhebt sich eine Kuppel, die die Struktur des Turmes unterstreicht. Der renommierte Holzschnitzer Romano Pedrini fertigte die Säulen und die wunderschönen Einlegearbeiten des Bodens.

Wohnen im Turm

Über St. Moritz Dorf und dem See erhebt sich der Turm des Palace Hotels, der aus dem Ortspanorama ebensowenig wegzudenken ist wie die Berge, die Sessellifte, die auf die Skipisten führen, oder die Sonne, die nach Angaben Einheimischer 322 Tage im Jahr scheint. Das Hotel, zu dem der Turm gehört, wurde 1896 als eine der ersten Luxusherbergen des Ortes erbaut. Während das Hotel florierte, blieb der Turm lange weitgehend ungenutzt, bevor er schließlich in mehrere Privatwohnungen umgewandelt wurde. Der jetzige Bewohner, ein Schweizer Verleger, hat den Turm der wohl bisher größten Veränderung unterzogen – sein Wunsch war, die besondere Form des Gebäudes deutlicher hervorzuheben und dem außergewöhnlichen Ausblick mehr Rechnung zu tragen.

Der neue Mieter beauftragte den Architekten Arnd Küchel, die bis dahin kleine Etagenwohnung in ein luxuriöses, sich über drei Stockwerke erstreckendes Domizil umzubauen. Um das Turmpanorama optimal auszunutzen, sind die offen angelegten Räume des Appartements kreisförmig um das Treppenhaus angeordnet, so daß man von keinem Punkt aus auf die umwerfende Aussicht verzichten muß. Am augenfälligsten ist dies im ersten Stock, wo ein Eßzimmer und ein gemütliches, holzverkleidetes *Stübli* in Wirklichkeit geräumige Nischen innerhalb eines großen Wohnbereichs sind. Ganz oben, in der Spitze des Turms, liegt das große Schlafzimmer des Hausherrn mit einer überwältigenden Aussicht über das Engadiner Tal.

RECHTS, UNTEN & GEGENÜBER Vom kreisförmig angeordneten Wohnbereich aus öffnen sich gemütliche Nischen zum Speisen oder für einen Drink am offenen Kamin. Das winzige *Stübli* hat eine wundervolle Kiefernholztäfelung. Die Sofas wurden in Italien speziell für diesen Raum angefertigt.

allure

GEGENÜBER Im obersten Stockwerk befindet sich das Schlafzimmer des Hausherrn, die Innenwände folgen der Form der Turmspitze. Das Bett, von Kunsthandwerkern in St. Moritz gefertigt, steht genau unter der Spitze des Pyramidendachs.

OBEN LINKS & RECHTS Der Stucco Veneziano der Wände ist das Werk des Innendesigners Mauro Peruchetti. Der warme Goldton ergänzt die elegante, aber sparsame Möblierung. Die Form des antiken italienischen Récamier wiederholt sich in dem Sessel vor dem Frisiertisch, der durch einen Vorhang abgetrennt werden kann.

GEGENÜBER Braquenié-Stoffe nach Entwürfen des 18. Jahrhunderts sind ein vorherrschendes Element der Einrichtung. Mit ihnen sind Wände und Decke im Gästezimmer verkleidet. Das Kopfteil des alten englischen Bettes zeigt venezianische Szenen.

CHALET-CHIC

Für eine Antiquitätenhändlerin und Innenarchitektin aus New York ist St. Moritz zur zweiten Heimat geworden. Weitgereist, gebildet und mit einem Blick für alles Schöne, kennt das ehemalige Model keinen Ort, der es mit diesem aufnehmen könnte. Die hohe Lage garantiert während der Wintermonate viel Schnee, und die dicht aneinandergedrängten Berge bieten unzählige Möglichkeiten zum Skilaufen. Im Sommer lädt der See zum Schwimmen und Bootfahren ein, es gibt Reit- und Wanderwege sowie ein anregendes Kulturleben – und das alles nur zwei Autostunden von Zürich oder Mailand entfernt.

Nachdem die New Yorkerin bereits zwanzig Jahre lang ihre Ferien regelmäßig in St. Moritzer Hotels verbracht hatte, wünschte sie sich ein eigenes Urlaubsdomizil im Zentrum des Ortes. In einem Gebäude aus den 60er Jahren fand sie schließlich ein im sechsten Stock gelegenes Appartement, das eine grandiose 360-Grad-Aussicht bot. Der herrliche Blick entschädigte bei weitem für die wenig attraktive Innenausstattung, die regionale Architektur- und Handwerkstraditionen ignorierte. Nur einige Elemente waren es wert, erhalten zu werden. Aus den Delfter Kacheln in Küche und Wohnzimmer zum Beispiel wurde eine Kamineinfassung im jetzt holzverkleideten, offenen Küchen- und Eßbereich. Die übrigen Räume wurden von den Exzessen der damaligen Mode befreit, und an die Stelle des glatten 60er Jahre-Looks trat ein gemütlicher Chalet-Stil.

RECHTS & GEGENÜBER In dieser gemütlichen Wohnküche würde sich auch die Romanfigur Heidi zu Hause fühlen. Die Delfter Kacheln, die den Ofen verkleiden, sind das einzige Überbleibsel der ursprünglichen Einrichtung. Die Holzverkleidung stammt aus einem alten Alpenchalet.

Obwohl man sich eigentlich in einem Appartementhaus mitten im Zentrum befindet, sollte die Illusion eines altmodischen Alpenchalets hoch in den Bergen erweckt werden. Architekt Arnd Küchel und ein Team von Schreinern brauchten für diese Umwandlung zwei Jahre. Für die Wände in Küche und Bad wurde altes Holz aufgetrieben, und die neu angefertigte Täfelung im Wohnzimmer erhielt durch eine spezielle Holzbehandlung eine Art Patina. Doch die Renovierung geriet keinesfalls ins Biedere – hochwertige Textilien und antike Möbel verleihen dem Interieur eine distinguierte Eleganz. Die Wände im Wohnbereich und im Gästezimmer sind mit klassischen französischen Braquenié-Stoffen bespannt, die das Design des 18. Jahrhunderts aufgreifen. Sie verleihen dem Raum Gemütlichkeit, sind aber so elegant, daß kein Eindruck von Überladenheit entsteht. Der in Mailand eigens angefertigte Teppichboden ergänzt die Farbgebung der Wände auf reizvolle Weise, statt sich schlicht an diese anzupassen. Auch die Möbel setzen eher eigene Akzente, statt völlig mit der Umgebung zu harmonieren. So sind auch die Sofas und Armsessel im Wohnzimmer teilweise mit Braquenié-Stoffen bezogen.

Vor diesem Hintergrund warmer Töne und feiner Muster stellen ungewöhnliche Objekte die Erfahrung der Eigentümerin im Antiquitätenbereich sowie ihren Blick für das Außergewöhnliche unter Beweis: Geschnitzte Rehe aus Bayern, eine Sammlung englischer Schnupftabak-Dosen und ein majestätisches Bett mit solchen Ausmaßen, daß ein Raum eigens dafür vergrößert werden mußte, sind nur einige der Gegenstände, die sich in diesem vornehmen Appartement ein Stelldichein geben.

LINKS Die Stoffverkleidung der Wände verbreitet sofort eine behagliche Wärme, die durch das individuelle Mobiliar noch unterstrichen wird. Eine antike Teedose dient als Sockel einer englischen Lampe.

OBEN In einer Ecke des Wohnzimmers bilden ein Schreibtisch aus der indischen Kolonialzeit und ein antiker russischer Stuhl einen kleinen Arbeitsplatz. Zwei Lampen mit ungewöhnlichen Sockeln beleuchten die Arbeitsecke.

OBEN Die ursprünglich kleinteiligen, mit Kunststoffrahmen eingefaßten Fenster wurden durch große Glasscheiben ersetzt, die freien Blick auf die Berge gewähren. Die Bänke am Kamin sind der ideale Platz zum Aufwärmen und Entspannen.

RECHTS Trotz des wilden Muster- und Stoffmixes wirkt das Wohnzimmer dank der sorgfältigen Farbwahl, der hellen Holzdecke und der großen Fenster nicht erdrückend, sondern sehr gemütlich.

Salon indien
RUSSIAN HOUSES

GEGENÜBER Im Wohnzimmer hellen die feinen Muster der Polsterbezüge, die einem Teppich aus dem 19. Jahrhundert nachempfunden sind, den Effekt der dunklen Holztäfelung auf. Auf einem Beistelltisch stehen alte Fotos von Mitgliedern der königlichen Familie.

Verschneite Idylle

Prinz Vittorio Emanuele di Savoia und seine Frau, Prinzessin Marina, verbringen den Winter regelmäßig in der behaglichen Abgeschiedenheit eines eingeschneiten Chalets außerhalb von Gstaad. Von Dezember bis April verlassen sie ihr Genfer Domizil und beziehen dieses wunderschöne gemütliche Haus. Umgeben von Weideland, im Schatten des Wildhorns und an einem Fluß voller Forellen, der am Rande des Gartens entlangfließt, ist dies ein anrührender Ort für die Nachfahren der einst ins Exil verbannten italienischen Königsfamilie.

Beide sind hervorragende Skifahrer und verbringen den Großteil dieser fünf Monate auf den Pisten. Wenn sie nicht gerade skilaufen, besuchen sie Freunde oder laden diese in ihr Haus ein. Das Chalet aus den 1970er Jahren wurde mit Hilfe des Innenarchitekten Claude Reyren komplett umgebaut – lediglich die tragenden Wände blieben stehen. Den Mittelpunkt bildet jetzt der geräumige Salon im Erdgeschoß, während sich die meisten Schlafzimmer oben befinden. Das Holz der Decken- und Wandverkleidungen stammt aus einem Chalet aus dem 18. Jahrhundert. Es wurde restauriert und schmückt jetzt die umgebauten Räumlichkeiten. Reyren schuf ein helles, elegantes Interieur, dessen zarte Farbtöne mit dem satten Honigton des Holzes kontrastieren. Viele der Möbel und Stoffe kommen aus Frankreich, andere sind Erbstücke aus Norditalien. Familienporträts und andere Erinnerungsstücke zeugen von der engen Verbundenheit des Paares mit seiner Familie und ihrer königlichen Vergangenheit.

UNTEN & RECHTS Umgeben von tiefem Schnee und dichten Tannenbeständen wirkt das Haus unendlich abgeschieden. Das in den 1970ern gebaute Gebäude wurde im Stil eines alten Chalets renoviert.

DAVID

LINKS Die Eingangshalle ist rustikal, aber elegant. Den Boden bedecken französische Terracottafliesen, die Wände sind mit Sisal verkleidet. Der Wandteppich aus dem 17. Jahrhundert zeigt König David und Batseba. Eine antike Kommode wird von einem Paar alter Skier flankiert – ein Geschenk an den Prinzen, der ein hervorragender Skiläufer ist.

OBEN Überall im Haus finden sich Zeichen der starken Familienbande des Paares – der Innenarchitekt sorgte dafür, daß dieses Element bei der Gestaltung der Räume stets Priorität erhielt. Eine Vitrine im Wohnzimmer enthält Miniaturen von Mitgliedern der königlichen Familie.

GEGENÜBER & OBEN Das Prinzenpaar wollte Freunden, die zu Besuch kommen, mit diesem winzigen Gästebad etwas Außergewöhnliches bieten. Dies gelang ihnen mit einem zeitlichen und räumlichen Sprung ins Frankreich des späten 19. Jahrhunderts. Die meisten Stücke, wie die ausgefallene Kupferbadewanne, sind französische Antiquitäten.

ETAGE 0
RECEPTION
BAR
ETAGE 1
FITNESS
ACQUA-CLUB
SOLE-BAD
GARAGE

GEGENÜBER Der Aufzug des früheren Park Hotel Reuteler wurde in das Grand Hotel Park integriert. Mit den eleganten schmiedeeisernen Türen und den dekorativen Malereien ist er charakteristisch für den schmuckvollen Stil Gstaads und des Saanenlands.

DEZENTER LUXUS

Das Schweizer *Hôtel* ist seit jeher das gesellschaftliche Zentrum eines jeden Skiortes. Über Jahrzehnte die einzige Unterkunftsmöglichkeit für Feriengäste, wurde es weltberühmt für seine Gastfreundschaft, das gemütliche Interieur und seine perfekte Repräsentation der alpinen Lebensart. Hier wohnten im 19. Jahrhundert die ersten Touristen während ihres Sommeraufenthalts in den Alpen, hier übten sich die ersten Skiläufer im neuen Sport, und hier spielt sich auch heute noch das Gesellschaftsleben vieler Bergdörfer ab. Die Schweizer Hoteliers sind stolz auf die einzigartige Umgebung, die sie ihren Gästen im Winter bieten – eine Kombination aus menschlicher Wärme und gehobener Leistung, aus spektakulärem Bergpanorama draußen und gemütlichen Kaminfeuern drinnen im *Stübli.*

Im Berner Oberland hat Gstaad mit seinen eleganten Hotels immer ein exklusiveres Image gepflegt als die anderen Skiorte. Besonders das Grand Hotel Park hat die traditionelle Schweizer Gastlichkeit und die Idee des alpinen Kuraufenthalts zur hohen Kunst perfektioniert. Gebaut im Chalet-Stil seines historischen Vorgängers Park Hotel Reuteler, läßt das Grand Hotel Park den dezenten Luxus eines Alpenhotels des 19. Jahrhunderts wieder aufleben. Helle Eichentäfelung, Antiquitäten des Berner Oberlandes und reizvolle Überbleibsel aus dem alten Hotel erinnern an vergangene Zeiten, als man kein vornehmeres Reiseziel als die Schweizer Alpen kannte.

UNTEN & RECHTS Das recht junge Grand Hotel Park ist gemäß den strengen Bauauflagen, die das einheitliche Gstaader Ortsbild wahren, im traditionellen Chalet-Stil erbaut. Auch im Inneren wird mit alten Handwerkskünsten wie Holzschnitzerei, Schmiedearbeiten und Bauernmalerei die Eleganz einer vergangenen Epoche heraufbeschworen.

GEGENÜBER Das Wohnzimmer des im 17. Jahrhundert erbauten Bauernhauses hält die Handwerkstradition Gstaads lebendig. Hinter dem massiven geschnitzten Geländer der Galerie, das erst später hinzugefügt wurde, verbirgt sich eine Bibliothek.

Tradition und Moderne

Der Fotograf und frühere Industrielle Gunter Sachs war noch Student, als er seine Liebe zu Gstaad entdeckte. Während seines Studiums in Lausanne fuhr er an den Wochenenden oft mit Freunden zum Skifahren ins nahgelegene Gstaad. Vielleicht war es Nostalgie, die ihn viele Jahre später zurück an den Ort seiner idyllischen Studentenzeit führte.

Aber auch ganz abgesehen von den Erinnerungen ans Studentenleben ist es leicht zu verstehen, was Sachs und seine Frau Mirja zu dem alten Gehöft hinzog. Das Gebäude wurde Mitte des 17. Jahrhunderts von einem Bauern gebaut, dessen Kühe damals dort weideten, wo heute Gstaad liegt. Von seinem auf einem Hügel gelegenen Haus blickte er auf seine Herden und die umliegenden Berge. Seit über 25 Jahren genießt nun Sachs dieses Alpenpanorama und hat in dieser Zeit den Besitz in ein kleines Gut verwandelt. Außer dem ursprünglichen Haus, mit der charakteristischen dunklen Holzfassade und den Reihen kleiner Fenster mit hölzernen Läden und Blumenkästen, gehören heute noch ein separates Gästehaus sowie ein opulentes ›Pool-Haus‹ mit Bar und Billardzimmer dazu.

Aus Achtung vor den alpenländischen Traditionen wählte der Fotograf für die Ausstattung hauptsächlich volkstümliche Kunst und Mobiliar aus der Region. Die Einrichtung sollte die Berglandschaft und ihre Ästhetik widerspiegeln, ohne jedoch den konventionellen Chalet-Stil sklavisch zu imitieren. Statt dessen interpretierte Sachs auf seine ganz eigene Art den

RECHTS & GEGENÜBER Das Haus hat mehrere Eßbereiche. Für Mahlzeiten mit Aussicht bietet die Terrasse tagsüber den perfekten Platz. Die mit Schaffell bezogenen Sitzmöbel am prasselnden Kaminfeuer sind der ideale Ort, um sich nach dem Essen zu entspannen. Der Kamin stammt aus einem alten Schloß im Burgund.

alpinen Look, indem er dunkle Töne mit leuchtenden Farben, rauhe Oberflächen mit luxuriösen und Heimatkunst mit Pop-Art kombinierte. Auf diese Weise verlieh er seinem Domizil ein entschieden modernes Gesicht.

Bedenkt man Gunter Sachs' außergewöhnliches, oft aufsehenerregendes Leben, überrascht ein gewisses dramatisches Element in seiner privaten Umgebung nicht. Der Erbe des Opel-Vermögens war mit Brigitte Bardot verheiratet, mit den Kennedys befreundet und ist außerdem bekannt für seine kühnen stilisierten Fotoarbeiten. Sein künstlerisches Werk dominiert denn auch das gesamte Innere seines Gstaader Hauses, angefangen im Vorzimmer, in dem zwei moderne Porträts in scharfem Kontrast zur traditionellen Ausstattung mit Steinfußboden, weißen Wänden und dunklen Holzmöbeln stehen.

Der scheunenartige Wohnraum, der früher der Bauernfamilie als Schlafstätte gedient hatte, ist heute ganz dem sinnlichen Luxus geweiht. Sofas und niedrige Sitzmöbel sind mit flauschigen Schaffellen bezogen, und im massiven offenen Steinkamin lodert das Feuer den ganzen Winter über. Das Ganze wirkt wie die Lagerstätte eines Hedonisten – fast urzeitlich in diesem Mix aus Tierfellen, Stein und Holz. In den anderen Räumen reichen die Einflüsse von derber Handwerkskunst über rustikale Eleganz bis zu modernem Luxus. Im ›Pool-Haus‹ wird die üppige Extravaganz auf die Spitze getrieben. Eine Traumlandschaft aus Wasser, hängenden Gärten und in trompe-l'œil-Manier gemalten Wäldern verwirrt die Sinne und bietet einen passenden Hintergrund für alle möglichen Playboy-Phantasien.

VORHERGEHENDE SEITEN Fotoarbeiten von Gunter Sachs verwandeln das schlichte Vorzimmer in eine moderne Galerie.

LINKS & UNTEN Das Billardzimmer bietet eine reizvolle Mischung aus modernem Design und traditioneller Handwerkskunst. Die Decke aus dem 18. Jahrhundert stammt aus einem Rathaus in Zernez bei St. Moritz. Die Warhol-Bilder von Brigitte Bardot – Sachs' frühere Frau – und die niedrige Couch wecken dagegen den Geist der 60er Jahre. Das ›Pool-Haus‹ ist als phantastische Landschaft entworfen. Den trompe-l'œil-Wald am einen Ende und den Himmel an der Decke malte der österreichische Künstler Wolfgang Ploner.

OBEN Das Schlafzimmer mit dem weißen Strukturteppich, den folkloristischen Wandbespannungen, dem bemalten Kleiderschrank und der Patchwork-Decke wirkt bezaubernd naiv.

RECHTS Die geschnitzte Bauerntruhe aus dem 19. Jahrhundert ist – wie die meisten Möbel in dem Bauernhaus – charakteristisch für die Handwerkskunst Gstaads und des Saanenlands.

NTA NERA 2846
CASA DI DIO 2343
LA ROCCHETTA 2374
BECCO DI MEZZODI 2602
CRODA DA LAGO 2709
RIFUGIO
LASTONI DI FORMIN 2653
NUVOLAU 2575
CAPANNA RAVÀ
MARMOLATA 3342
AVERAU 2648
CINQUE TORRI 2200
TOFANA DI ROCES 3225
2260
DI FALORIA
FORCELLA DA LAGO
2250
2042
PASSO GIAU
2250
2000
PASSO FALZAREGO
2150
2340
2137
2105
1506
1756
Passo Tre Croci
1800
Pocòl
1550
Trampolino da Salto
Campo
1127
per Calalzo
CORTINA
1200

Italienisches Flair

Cortina & die Dolomiten

ITALIENISCHES FLAIR

Charakter, Atmosphäre und Schönheit aller Skiorte werden von der Beschaffenheit der sie umgebenden Berge beherrscht. Sie bestimmen das Panorama, das Klima, die Lebensart und alle anderen Faktoren, die an der Entstehung einer Skikultur beteiligt sind. An keinem Ort ist dies offensichtlicher als in Cortina d'Ampezzo. Das malerische norditalienische Städtchen schmiegt sich in einen großen, sonnigen Talkessel zwischen den zerklüfteten Gipfeln der Dolomiten, denen Cortina seinen einzigartigen Reiz verdankt.

Als vor 100 Millionen Jahren gewaltige geologische Kräfte die Alpen formten, trug sich an deren südlichem Rand ein ebenso dramatisches Ereignis zu. Urzeitliches Sediment, eine einzigartige Mischung aus dolomitischem und vulkanischem Gestein, wurde aufgeworfen und formierte sich zu den Dolomiten. Diese erheben sich nicht zu gleichmäßigen, dreieckigen Gipfeln wie die Alpen, sondern enden in zerklüfteten Blöcken, Türmen und Zinnen. Sie haben etwas fast Prähistorisches an sich, vor dessen Kulisse die zarte Schönheit Cortinas besonders deutlich hervortritt: die reizvollen Tiroler Chalets, die elegante Turmspitze der Renaissance-Kirche und die mit Fresken oder Stuck geschmückten Häuser rings um die hübschen Piazze.

Der Reiz dieser Gegend ist nicht neu. Die Dörfer in den Tälern und Bergen beherbergten schon im Mittelalter Reisende auf ihrem Weg durch das Reich der Grafen von Tirol, denen diese einstigen römischen Verwaltungsbezirke übertragen worden waren. 1363 wurde das Land den Habsburgern vermacht, die, verzaubert von dem Städtchen in seinem sonnigen Tal-

RECHTS Angelockt von den zerklüfteten Gipfeln und dem sonnigen Klima der Dolomiten, kamen in den 30er Jahren viele skibegeisterte Italiener nach Cortina.

kessel, Cortina zu ihrem Lieblingsurlaubsort auserkoren. Und das blieb es auch über Jahrhunderte – mit einer kurzen Unterbrechung, als die Republik Venedig im 15. Jahrhundert die Kontrolle über das Land gewann. 1877 machte das Buch *Wanderungen in den Dolomiten* des Wiener Bergsteigers Paul Grohmann auch eine breitere Öffentlichkeit auf Cortina aufmerksam. Dank dieser und anderer Veröffentlichungen sowie einer neuen Eisenbahnstrecke etablierten sich die Dolomiten vor allem unter österreichischen, deutschen und britischen Urlaubern bald als beliebtes Reiseziel. Als in Folge des Ersten Weltkriegs die Landesgrenzen neu gezogen wurden, fiel die Region an Italien.

Die Dörfer der Dolomiten spiegeln Ästhetik und Traditionen sowohl ihres Tiroler Erbes als auch ihrer jüngeren italienischen Geschichte wider. Diese Vermischung der Kulturen zeigt sich in Baustil und (Kunst-)Handwerk ebenso wie im Kulinarischen und der Lebensart: Die Chalets sind, wie jene auf der anderen Seite der Alpen, aus heimischen Hölzern erbaut, mit großen Sonnenterrassen, dekorativen Schnitzereien und tief herabgezogenen Dächern. Gleichzeitig besitzen die Häuser einen typisch italienischen Charme, der nicht nur die Wohnkultur, sondern auch das tägliche Leben prägt.

Der Skisport erreichte Cortina etwas später als die Konkurrenzorte in der Schweiz, aber dafür hat Cortina, mehr als alle anderen Wintersportorte, die Skikultur zu einer hohen Kunst erhoben. Der natürliche Vorteil des Ortes ist offensichtlich: Hier

8
7
6
5
4
3
2

GEGENÜBER & RECHTS Nach der Besatzung im Zweiten Weltkrieg gewann das Städtchen bald seinen Reiz zurück. Bereits 1950 verbrachten italienische Familien ihre Skiferien wieder in Cortina. Nach dem erfolgreichen Debut des Ortes als Austragungsort der Olympischen Winterspiele 1956 wird Cortina auch international bekannt.

herrscht fast immer ein wolkenloser Himmel, sogar im Winter sind den Skifahrern täglich sieben Stunden Sonnenschein sicher – und selbst den eingeschworensten Mitgliedern der Skigemeinde ist die Sonne ebenso wichtig wie der Schnee. Ab den 20er Jahren zog es wohlhabende Unternehmer, Aristokraten und Künstler hierher, und in den nächsten vier Jahrzehnten etablierte sich Cortina als alpines Sportzentrum, das hauptsächlich Italiener, aber auch eine Handvoll berühmter Ausländer anzog wie Ernest Hemingway und Aldous Huxley. Die frischgebackenen Bergbewohner kauften Bauernhäuser auf und ließen sie in romantische Refugien umwandeln. In den 60er Jahren entwickelte sich Cortina zum Liebling des internationalen Jet-sets, und das Skileben sah seinerzeit nicht anders aus als heute: Die Urlauber ließen den Tag mit einem Frühstück auf der Piazza geruhsam angehen und überlegten dann, auf welche der sonnigen Pisten die Seilbahn sie diesmal befördern solle. Nach dem Morgensport arbeiteten sie bei einem Lunch auf der Terrasse einer Berghütte an ihrer Bräune, anschließend fuhr man auf Skiern in die Stadt, wechselte die Garderobe und widmete den Nachmittag einem ausgiebigen Einkaufsbummel. Hochtoupierte Baroninnen und Marquisen in Pelzmänteln flanierten auf dem Corso Italia gemeinsam mit Models und Schauspielern in Skihosen und Fellstiefeln, darunter Elizabeth Taylor, Audrey Hepburn, Henry Fonda und Cary Grant.

Der verführerische Glamour Cortinas ist nach wie vor unwiderstehlich, und die Genüsse des Après-Ski werden durch die karge, stille Gegenwart der zerklüfteten Dolomiten noch versüßt.

GEGENÜBER Der Schlüssel zur geschmackvollen Ausstattung von Roberto Memmos Haus liegt in der Kombination unterschiedlicher Stile: Die rustikalen Materialien Holz und Naturstein, aus denen das Gebäude im 18. Jahrhundert errichtet wurde, bilden einen reizvollen Hintergrund für die eleganten Antiquitäten.

Kleinod in neuem Gewand

Es scheint nur angemessen, daß ein Mensch, der sich derart großzügig für die Erhaltung der architektonischen Schätze Italiens einsetzt, für sich selbst zwei der ältesten Gebäude Cortinas in Anspruch nimmt. Auf der Via Roma, mit Blick auf den Glockenturm und die Piazza Venezia, sind diese zwei aneinander angrenzenden Gebäude zu einer eleganten, geräumigen Winterresidenz verbunden worden.

Der Philanthrop Roberto Memmo ist der Gründer der Fondazione Memmo, mit deren Hilfe unter anderem der prächtige Palazzo Ruspoli in Rom restauriert wurde. Memmo hatte schon zahlreiche Ski-Saisons in Cortina verbracht – immer in Hotels –, als eine Immobilie auf den Markt kam, der er nicht widerstehen konnte. Es handelte sich um ein erstklassiges Grundstück im Ortskern, das zwei Gebäude umfaßte. Das eine war eine Scheune mit Stall aus dem Jahre 1700, das andere die ehemalige Bischofsresidenz, erbaut 1860, als die Provinz noch zu Österreich gehörte.

Für die Restaurierung der beiden historischen Gebäude engagierte Memmo den legendären Architekten Luigi Vietti, der in Cortina für einige der beeindruckendsten Verwandlungen alter Bausubstanzen verantwortlich zeichnet. Viettis Markenzeichen ist es, traditionelle architektonische Formen zu wahren und dabei gleichzeitig ein Gespür für die Moderne zu zeigen. In diesem Sinne formte er innerhalb von drei Jahren die Scheune und das Haus zu einer funktionierenden Einheit um.

LINKS Interessante Gegenstände und optisch reizvolle Arrangements verleihen dem Haus eine persönliche Note – ob eine alte Kaminnische mit roten Kerzen oder eine Sammlung außergewöhnlicher antiker Glaswaren.

GEGENÜBER Die ursprünglichen Türen des Hauses waren nicht erhalten geblieben, der Eigentümer ersetzte sie daher durch antike Türen. Heute gleicht keine Schlafzimmertür der anderen.

Interessanterweise ist es das ältere der beiden Gebäude, das heute ein unerwartet zeitgenössisches Gesicht zeigt. Vielleicht liegt es an dem großzügig gestalteten Dachboden, der das Herzstück der Scheune bildet – ein großer offener Raum direkt unter dem Gebälk des Giebeldachs. Möglicherweise ist es auch die Kombination von modernen und antiken Einrichtungsgegenständen. Niedrige Sofas gruppieren sich um einen großen Couchtisch, aus dessen Mitte Farne emporwachsen. Ein Barockspiegel und Engelsstatuen schmücken den rustikalen, weiß getünchten Kamin, und eine Sammlung naiver und antiker Objekte wurde mit einem Gespür für moderne Farbgebung, Struktur und Dramatik arrangiert.

Ein mittelalterlich anmutender Korridor verbindet die alte Scheune mit den vornehmen Räumen der einstigen Bischofsresidenz. Mit seinen zwölf Schlafzimmern samt Bädern und einem erlesen ausgestatteten Wohnbereich wirkt das Haus fast wie ein Palast. Dies ist der einzige Ort in Cortina, an dem die 250 Gäste des jährlichen Ski-Club-Dinners angemessen bewirtet werden können. Roberto Memmos Kennerblick ist in keinem Raum zu übersehen. Seine vorzügliche Sammlung alter Wandteppiche mit Darstellungen biblischer Szenen zieht sich als wiederkehrendes Motiv durch viele der Räume. Passend für ein auf damals österreichischem Boden erbautes Gebäude, hat das Haus einen unverkennbaren Tiroler Charme. Dieser zeigt sich unter anderem in den romantischen Spitzenbettdecken, den tiefroten Samtsofas und dem alten Holz der Wände und Decken, das einst in den Wäldern der Grafen von Tirol geschlagen wurde.

OBEN & RECHTS Das repräsentative Wohnzimmer und das angrenzende Eßzimmer sind aus dem Jahr 1700. Ein österreichischer Keramikofen aus dem späten 18. Jahrhundert dominiert das Wohnzimmer, während eine ebenso alte Kirchenorgel aus dem Pustertal den Ehrenplatz im Eßzimmer einnimmt. An einer Wand hängt ein Paar schwarzer Damenhauben aus dem 19. Jahrhundert.

LINKS Ein gewölbter Korridor verbindet die Scheune aus dem 18. Jahrhundert mit dem Haus aus dem 19. Jahrhundert. Der Architekt Luigi Vietti plante die Restaurierung und Verbindung der beiden Gebäude zu einer Einheit.

OBEN Zwei lebensgroße, hölzerne indische Soldaten aus dem 19. Jahrhundert bewachen den Eingang zum eleganten Wohn- und Eßbereich.

Spanschachteln
VILLE

LINKS & OBEN Im Dachgeschoß der alten Scheune befindet sich ein geräumiger, offener Wohnbereich. Wo einst im Winter das Heu gelagert wurde, entspannt sich jetzt Familie Memmo am monumentalen Kamin, der von zwei antiken Engeln flankiert wird. In die Giebel gesetzte Fenster gewähren eine wundervolle Aussicht auf die Berge.

UNTEN & RECHTS Im familiären Eßzimmer mit dem langen Holztisch und der Sitzbank ist die Handschrift des Architekten und Innenarchitekten Luigi Vietti deutlich zu erkennen. Die Schlichtheit des Raumes, das symmetrische Arrangement der Gegenstände, flackernde Kerzen und eine Madonnenstatue erzeugen eine ergreifende, fast mittelalterlich anmutende Stimmung.

GEGENÜBER Vom sonnigen Balkon aus blickt man auf die Tofana-Gruppe – die Skipisten sind zu Fuß nur zehn Minuten entfernt. Dank der Arbeit des Architekten Luigi Vietti gewann das in den 1960ern gebaute Haus den Charakter eines alten Chalets.

SKI-ROMANTIK

Der Architekt Luigi Vietti war in Cortina so etwas wie eine feste Institution. Seine Arbeiten finden sich in ganz Italien, besonders in Sardinien, wo er an der Gestaltung des Feriendomizils Aga Khans mitwirkte. Doch die größte Bewunderung wurde ihm für seine alpinen Projekte in Cortina zuteil, die von einem meisterhaften Umgang mit einheimischen Techniken und Materialien zeugen. Vietti lebte selbst viele Jahre in den Bergen von Cortina. Er kam in den Jahren vor dem Zweiten Weltkrieg in die Gegend und wohnte hier mit Unterbrechungen bis zu seinem Lebensende. In dieser Zeit leistete er erstaunliche Arbeit, und sein lockerer Stil war bei den Hauseigentümern sehr gefragt. Sein Können steckt in vielen Immobilienobjekten Cortinas, doch in einem von ihnen hat er sein vielleicht romantischstes ›Berginterieur‹ verwirklicht.

Viettis Auftrag war, ein großes Einfamilienhaus in vier separate Wohnungen für verschiedene Zweige einer großen Familie umzuwandeln. Die oberste Wohnung war für den Eigentümer – einen Häusermakler, der mit Vietti schon viele Projekte durchgeführt hatte – und seine engere Familie bestimmt. Diesem lag daran, die Traditionen der Chalet-Bauweise der Dolomiten zu integrieren und Materialien zu verwenden, die mit der Umgebung harmonieren. Vietti jedoch hatte ein Haus im Sinn, dessen Design zwar an ein klassisches Chalet erinnert, das aber für ein modernes Familienleben ausgestattet ist und

RECHTS Wie in den alten Chalets in Cortina bilden auch hier romantische weiße Rüschenvorhänge einen reizvollen Kontrast zum Holz der Wandtäfelung und Balkendecke.

GEGENÜBER Die Eßecke ist zwar Teil eines offen angelegten Wohnbereichs, bietet jedoch dank der weißen Spitze vor den Fenstern, der Regale mit antiken Messing-, Porzellan- und Zinnwaren sowie der silbernen Leuchter mit roten Kerzen eine intime Atmosphäre.

die Aussicht optimal nutzt. Das hieß: großzügige Räume statt kleiner Chalet-Zimmer, hohe statt niedriger Decken und große Fenster statt winziger, um der grandiosen Aussicht voll Rechnung zu tragen.

Hierfür wurde das oberste Stockwerk in drei Schlafzimmer und einen großen, L-förmigen Wohnraum mit einer Empore und großen Fensterflächen untergliedert. In einem Teil des Wohnbereichs sind die Innenwände nach regionaler Tradition mit weißem Strukturputz überzogen. Der Rest der Wohnung ist größtenteils mit massivem Holz heimischer Nadelbäume verkleidet, das durch eine besondere Behandlung die charakteristische Altersfärbung gewann.

Die Ausstattung ist rustikal und romantisch. Nach Art der italienischen Alpenbewohner sammelt sich auf Regalen und Beistelltischen antikes Porzellan und Zinngeschirr. Ein Kachelofen im Stil des 18. Jahrhunderts verbreitet authentische Tiroler Atmosphäre und bildet den Mittelpunkt einer gemütlichen Sitzecke. Der wahre Blickfang der Wohnung ist jedoch ein gewaltiges, von Vietti entworfenes Sofa mit dicken, roten Polstern und einem elegant geschwungenen Gestell. Es steht im Zentrum des Wohnzimmers den großen Fenstern zugewandt, die den Blick auf die Tofana-Berge freigeben. Im Kontrast zu der dunklen Holzverkleidung verleihen das leuchtende Rot, Zierborten und Stickereien dem offen angelegten Raum Wärme und altmodische Gemütlichkeit. Am Tage ragen die Dolomiten spektakulär gen Himmel, und in der Nacht verleihen flackernde Kerzen und ein prasselndes Kaminfeuer diesem reizvollsten Chalet im Ort eine verzaubernde Zeitlosigkeit.

LINKS & OBEN LINKS Mit dem offenen Wohn- und Eßbereich gestaltete Vietti eine funktionale Wohnlandschaft für die Familie. Speziell für diesen Raum entwarf er auch das lange rote Samtsofa. Bei der geschickten Aufteilung des Raumes in unterschiedliche Bereiche wurde auf Innenwände verzichtet. Bücherregale, Gemälde und Drucke schmücken die gemütliche Sitzecke am offenen Kamin. Darüber hängt ein Aquarell von Squittieri aus dem frühen 20. Jahrhundert.

OBEN RECHTS Blickfang im gemütlichen *Stübli* ist der Nachbau eines venezianischen Kachelofens aus dem 18. Jahrhundert.

GEGENÜBER Aus dem Fenster ihrer Wohnung, die im Stil eines eleganten österreichischen Chalets eingerichtet ist, blickt Donatella Girombelli über die Berge der Dolomiten, die jahrhundertelang zum Besitz des Hauses Habsburg gehörten.

Tiroler Charme

Cortinas österreichisches Erbe wird selbst von den kritischsten Einwohnern hoch geschätzt. Die eher karge Ästhetik steht in scharfem Kontrast zur prunkvollen Ausstattung, die für Italien charakteristisch ist. Als Donatella Girombelli sich nach einem Winterdomizil in Cortina umsah, suchte sie nicht nach Luxus im italienischen Stil, sondern nach etwas Dezenterem – sie wünschte sich ein Chalet mit wahrhaft österreichischem Flair.

Das Haus, das sie schließlich fand, stammt aus den 50er Jahren und war von den Voreigentümern dieser Zeit entsprechend eingerichtet worden – modern und glanzlos. Um es in das Chalet ihrer Träume zu verwandeln, wandte sich Girombelli an die Innenarchitektin Daniela Luesch, die als erstes alle Räume von der vorhandenen Inneneinrichtung befreite. Dann verkleidete sie den gesamten Innenraum mit Kiefernholz, ganz im Stil eines Tiroler Chalets aus dem 18. Jahrhundert. Das Material dafür entnahm Luesch einem alten, zum Abriß verdammten Chalet im benachbarten Pustertal.

Die Möbel des umgewandelten Hauses sind einfach, funktional und dennoch gemütlich, und die Sofas und Sessel sind mit tiefrotem Samt bezogen. Den letzten Schliff erhält die Einrichtung durch besondere ›Schätzchen‹, nach denen die Innenarchitektin die örtlichen Antiquitätengeschäfte und Salzburger Trödelmärkte durchstöberte: eine Sammlung wertvoller Zinngefäße, ein norditalienischer Sekretär und ein wundervoller Kronleuchter aus dem 18. Jahrhundert.

GANZ LINKS, LINKS & UNTEN Die Patina und der Farbton alter Hölzer – ob Türen, Wandtäfelungen oder Alpenmöbel – tragen wesentlich zum Charakter dieser Wohnung bei. Ein großer Teil des Kiefernholzes stammt aus einem alten Chalet im benachbarten Pustertal.

GEGENÜBER Sammlungen typisch österreichischer Schmuckgegenstände wie diese glänzenden Zinnschalen und -kännchen unterstreichen die Tiroler Chalet-Atmosphäre.

LINKS & UNTEN Ein tiefes Rot ist die vorherrschende Farbe im Hauptwohnbereich – ausgehend von dem roten Samt der Polster, auf den die Innenarchitektin Daniela Luesch bei einer Reise nach St. Moritz stieß. Mit dem gleichen Samt sind die Sitze in den Schweizer Zügen bezogen. Etwas weiße Spitze hier und da hellt die Farbgebung auf.

GEGENÜBER Mit diesem Haus hat sich die Modeschöpferin Alda Fendi ein Refugium geschaffen. Hierher flieht sie vor dem Druck der Arbeitswelt und gibt sich der Schönheit der Dolomiten und der Geschichte der dekorativen Kunst Tirols anheim.

DESIGNER-DOMIZIL

Studenten der Materialgeschichte in Cortina und den östlichen Dolomiten wären gut beraten, einmal das Haus der Modeschöpferin Alda Fendi zu erkunden. Hier erwartet sie weder ein uriges Chalet noch ein rustikales Bauernhaus, sondern ein Appartement, in dem Tiroler Einflüsse mit italienischen Elementen verschmelzen. Die Designerin schuf in ihrem Reich eine üppige Symbiose aus italienischer Leidenschaft und deutscher Gediegenheit, aus österreichischer Handwerkskunst des 19. Jahrhunderts und römischem Flair.

Angefangen hatte alles während eines Urlaubs in Cortina, als Alda Fendi zwei Dachwohnungen im Ort besichtigte. Die Räume waren klein und schlecht aufgeteilt, das Interieur dunkel und wenig einladend, aber die Aussicht war zauberhaft. Die Italienerin entschloß sich spontan zum Kauf der beiden Wohnungen. Es verwundert nicht, daß eine hochkarätige Designerin wie Alda Fendi sofort das Potential dieser unattraktiven Räumlichkeiten erkannt hatte und instinktiv wußte, wie sie umzugestalten waren. Der Beweis für diesen sicheren Instinkt war das Tempo, in dem sie die Umwandlung durchführte. In nur einem Jahr ließ sie die zwei Appartements renovieren und zu einer einzigen großen Ferienwohnung für ihre Familie umgestalten.

Die Einrichtung des neuen Domizils sollte nach den Wünschen Fendis von den schlichten und klaren Formen des Biedermeier-Stils bestimmt werden. Der Innenarchitekt Cesare Rovatti, seit langem mit ihr bekannt, war begeistert von

RECHTS & GEGENÜBER Vom Stil der Biedermeiermöbel ausgehend, gestalteten Alda Fendi und Innenarchitekt Cesare Rovatti gemeinsam ein geschmackvolles Interieur, das im wesentlichen historisch orientiert ist und dabei dennoch gemütlich und einladend wirkt.

dieser Idee, und zusammen suchten sie römische Antiquitätenhändler auf, die ihnen helfen sollten, die richtigen Stücke aus Österreich aufzuspüren. Währenddessen waren einheimische Handwerkskünstler mit der Ausgestaltung der Räume beschäftigt. Die Holztäfelung und die meisterhaft geschnitzten Deckenleisten erweisen denn der traditionellen Handwerkskunst der Dolomiten auch tatsächlich alle Ehre. Die Wände, Fußböden und Möbel schmücken luxuriöse Stoffe: Paisley-Muster, dunkelroter Samt, Tapisserie und Orientteppiche vermitteln die Opulenz des späten 19. Jahrhunderts, vor deren Hintergrund die Biedermeier-Möbel wunderbar klar und gradlinig wirken.

Fendis Liebe zur dekorativen Kunst der Biedermeierzeit ist auch bei den Details nicht zu übersehen. Die Designerin ist eine leidenschaftliche Sammlerin aller möglichen Gegenstände dieser Stilrichtung. In Schränken, auf Beistelltischen und Regalen stehen Glaswaren, dekoratives Porzellan und Silber. Die geschmackvolle Ausgestaltung des alpinen Heims zeugt von ihrer romantischen Einstellung zur Raumausstattung: Während in ihrem Beruf ständiger Wandel und Innovation zählen, bevorzugt die Designerin zu Hause die Zeitlosigkeit historischer Stile; nichts soll in ihrer Ferienwohnung an die Arbeitswelt erinnern. Das Haus ist ein Ort der Entspannung, hier kann die Familie in aller Ruhe Tee trinken, Karten spielen oder einfach die Aussicht auf die Berglandschaft genießen. Trotz der ungezwungenen Atmosphäre ist die Wohnung ausgesprochen raffiniert eingerichtet. Sie ist eine Hommage an die Tiroler Handwerkskunst, ausgeführt mit eindeutig italienischem Temperament.

HOME
SWEET
HOME

LINKS & OBEN Farbenfrohe Paisley-Stoffe sowie Volants, Rüschen und Spitze schmücken die romantischen Schlafzimmer. Mit sicherem Blick gestaltete Alda Fendi ihre Wohnung um und tilgte alle Spuren der ursprünglichen tristen Inneneinrichtung.

GEGENÜBER Im kompakten Gästebad führen die klaren Formen des Waschtischs und des schmalen Spiegels die Biedermeier-Ästhetik zur logischen Vollendung.

OBEN Die holzverkleidete Frühstücksecke mit den mit Paisley überzogenen Bänken und bunten Kissen bildet einen zentralen Punkt im Familienleben. Die Gemälde von Haushühnern und das passende Teeservice vermitteln eine ungezwungene, rustikale Atmosphäre.

GEGENÜBER Die Küche mit den rauhen Natursteinwänden und Bauernmöbeln zeugt von den Ursprüngen des Bauernhauses im 18. Jahrhundert. Mit einer Sammlung volkstümlicher Töpferwaren aus Italien, Marokko und Mexiko wahrt der Eigentümer den Geist des Hauses.

Ländliches Refugium

Seit Jahrhunderten werden die Chalets in Cortina aus dem Kiefernholz der Dolomiten gebaut. Der warme, goldbraune Ton und die charakteristische Patina sind mit heutigen modernen Baustoffen kaum nachzubilden. Als in den 50er und 60er Jahren die Chalets und Bauernhäuser in moderne Wohnungen umgewandelt wurden, entfernte man einen großen Teil dieses alpinen Holzes. Heute ist das alte Material wieder ein begehrtes Gut, und schon so mancher Hauseigentümer hat Bodendielen, Deckenbalken und Wandbretter aus alten, abbruchreifen Häusern erstanden und sie Stück für Stück in sein neues Heim transportiert.

Nur wenige Einwohner Cortinas haben das Glück, in Häusern zu wohnen, die die Modernisierungswelle unberührt überstanden haben. Einer von ihnen ist der Verleger Leonardo Mondadori, und er ist sich dieses Privilegs sehr wohl bewußt – vielleicht, weil er sehr lange darauf gewartet hat. Seit seinem zweiten Lebensjahr kommt Mondadori regelmäßig nach Cortina, und mit fünfundzwanzig entdeckte er zum ersten Mal das Haus, das später sein Bergdomizil werden sollte – ein großes, am Ortsrand gelegenes Bauernhaus aus dem 18. Jahrhundert, von dem aus man über das Tal auf die Tofana-Gruppe blickt.

Im Geiste hatte der Verleger das Gebäude damals schon für sich reserviert, doch erst zwanzig Jahre später brachte ihn ein Bekannter auf die Idee, wie sein Traum zu verwirklichen sei. Das Haus gehörte zu der Zeit der Kirche, der allerdings die

LINKS Im Winter umgeben weite, schneebedeckte Flächen das Haus, und der Eigentümer kann sich ganz seinen Leidenschaften Skifahren und Schneeschuhwandern hingeben.

GEGENÜBER Aus dem ehemaligen Heuboden wurde ein zwangloser, offen angelegter Wohnraum für Gäste, der kein bißchen förmlich oder einschüchternd wirkt. Die weichen Polster in den Sitzbereichen sind mit purpurroten Wollstoffen bezogen und wirken eher wie Matratzen.

Mittel fehlten, das Gebäude vor dem drohenden Verfall zu retten. Mondadori machte ihr ein Angebot, das sie nicht ablehnen konnte: Für den Erhalt eines lebenslangen Wohnrechts würde er im Gegenzug auf eigene Kosten das gesamte Anwesen wieder in Stand setzen.

Um den Einsturz des Hauses zu verhindern, mußte es als erstes untermauert werden. Danach war ein Team von Handwerkern zwei Jahre lang damit beschäftigt, jedes Detail, von den Bodendielen bis zum Dach, zu restaurieren und nachzubauen. Um das Originalholz des Hausinneren wiederverwenden zu können, wurde jede einzelne Holzplanke abmontiert, gesäubert und wieder eingesetzt. Anschließend übernahm die Mailänder Innenarchitektin Verdi Visconti die Gestaltung der Räume. Die holzverkleideten Zimmer mit den massiven Deckenbalken waren selbst sehr ausdrucksstark und erforderten daher eine zurückhaltende Dekoration. Statt romantischer Muster und strukturreicher Oberflächen, die für den Tiroler Stil so typisch sind, wählte die Architektin ein Mobiliar mit klaren Formen, eine moderne, flächige Farbgebung und eine diskrete Beleuchtung. Viscontis maßvoller Blick und Mondadoris unprätentiöser Geschmack schufen ein Haus mit Charakter, das rauhe und edle Elemente kombiniert: Ungleichmäßige Steinwände mit glatt polierten Böden, Gemälde von Julian Schnabel mit heimischen Keramikwaren und Bauernmöbel mit Mondadoris außergewöhnlichem, spätgotischem Bett. Und keines dieser unterschiedlichen Objekte lenkt ab von der Schönheit des alten Gebäudes selbst.

GEGENÜBER In den ehemaligen Viehställen befindet sich jetzt ein repräsentatives Eßzimmer. Der Tisch und die vierzehn Stühle im traditionell ländlichen Stil passen zum rustikalen Charme des Raumes.

LINKS & UNTEN Leonardo Mondadori ist ein begeisterter Sammler von Töpferwaren, Keramik und bäuerlichen Gerätschaften. In der Küche sorgen sie für das richtige Maß an Farbe und Lebendigkeit, ohne die asketische Schönheit des Raumes zu beeinträchtigen.

VORHERGEHENDE SEITEN Das Haus liegt etwas abseits von Cortina und bietet eine ungehinderte Aussicht auf Felder, den Wald und die zerklüfteten Gipfel der Cinque Torri.

OBEN & RECHTS Das große Schlafzimmer und das angrenzende Bad sind gänzlich mit altem Kiefernholz ausgekleidet. Das wundervolle, spätgotische Bett aus dem 15. Jahrhundert füllt den Raum nahezu vollständig aus.

GEGENÜBER Der ursprüngliche Ofen blieb erhalten und macht das Eßzimmer zu einem der wärmsten Räume im Haus. In vergangenen Zeiten diente die Empore über dem Ofen in kalten Nächten als Schlafplatz.

LINKS & UNTEN Die Bäder haben einen rauhen, schlichten Charme. Die handgefertigte Holzwanne ist vom traditionellen japanischen *ofuro* inspiriert.

OBEN & RECHTS Der Eigentümer Leonardo Mondadori beschränkte sich bei der Ausstattung des ausdrucksstarken alten Hauses auf ein Minimum. Sogar die ursprüngliche Raumaufteilung wurde beibehalten. Das Haus ist eines der wenigen in Cortina, die mehrere Jahrhunderte unverändert überstanden haben. Auch das Holz der Wände und der Decke im Wohnzimmer hat die Zeit überdauert, und seine satte Patina bietet an diesem gemütlichen Ort ausreichenden Schmuck für zwanglose Mahlzeiten.

FRED ISELIN
SKI SCHOOL

Der Wilde Westen

Aspen, Colorado

GEGENÜBER Der neue Wohlstand nach dem Zweiten Weltkrieg erlaubte den Amerikanern eine Vielzahl von Freizeitaktivitäten. Und nichts verkörperte den überschwenglichen Optimismus der Zeit mehr als das Skilaufen. Aspen lockte Scharen begeisterter Besucher an, und viele, darunter auch Gary Cooper, hatten hier sogar ein eigenes Feriendomizil.

Der Wilde Westen

Für die Ute-Indianer war das Roaring Fork Valley – eingeschlossen von schwer zu überwindenden Bergen, durch die sich der Roaring Fork River seinen Weg bahnt – eine wichtige Station auf ihren Wanderungen. In diesem Tal, das sie ›Shining Mountains‹ nannten, lagen ihre Sommerjagdgründe. Die Bergleute, die 1879 in das Tal gelangten, lockte jedoch etwas anderes: Sie waren auf der Suche nach Gold und Silber. Doch selbst der ehrgeizigste unter ihnen konnte sich der überwältigenden Szenerie dieses Ortes, der eines Tages als Aspen Berühmtheit erlangen sollte, nicht verschließen. Sie liefen hier als erste auf Skiern die Hänge herab. Um sich im tiefen Pulverschnee fortbewegen zu können, fertigten sie ähnlich wie die skandinavischen Bergarbeiter einfache Langlaufskier an, mit denen sie über die dicke Schneedecke glitten – von den Claims an den Berghängen hinunter in die junge Gemeinde im Tal, wo sie ihre Vorräte besorgten. Dabei dürfte ihnen der Reiz, in der gedämpften Stille eines sonnigen Wintermorgens über den glitzernden, pulvrigen Neuschnee dahinzugleiten, nicht verborgen geblieben sein. Es dauerte jedenfalls nicht lange, bis sich die Bewohner des neues Ortes während der Wintermonate mit Ski-Rennen die Zeit vertrieben – nur eine der unzähligen sportlichen Aktivitäten, denen die Aspener auch heute noch frönen.

Mit der Entdeckung eines der größten Silbervorkommen in der Geschichte zog der Wohlstand in Aspen ein, und die Stadt wuchs. Bald wichen die ersten groben Holzhütten stabileren, mehrstöckigen, mit Holzschindeln verkleideten Wohnhäusern und Geschäftsgebäuden. Ende des 19. Jahrhunderts wurden viele davon wiederum durch imposante

Ziegelbauten im viktorianischen Stil ersetzt, darunter auch ein Opernhaus und eines der luxuriösesten Hotels Amerikas: das Jerome. Es besaß separate Bäder, Stromversorgung und einen Aufzug. Aspen war geboren. Doch die Euphorie war nicht von Dauer. So schnell sich der Silbermarkt entwickelt hatte, brach er auch wieder zusammen. Nach den Minenarbeitern verließen auch die Geschäftsleute die Stadt, die wohlhabenden Besucher blieben aus, und das prachtvolle Jerome stand leer. Die übrigen Einwohner und eine Handvoll Neuankömmlinge hielten sich mit Viehzucht über Wasser, während die Stadt in einen Dornröschenschlaf fiel.

1945 besuchten der Industrielle Walter Paepcke und seine Frau Elizabeth Aspen und verfielen auf einen Plan, der die Stadt retten sollte: Sie würden einen Skilift bauen und die einstige Silberminenstadt in einen Skiort von Weltrang verwandeln. Bereits im darauffolgenden Jahr eröffnete Paepcke Aspens ersten Skilift – den längsten der Welt! Und nur drei Jahre später war die Stadt der erste amerikanische Wintersportort, in dem ein internationaler Wettbewerb abgehalten wurde: die Alpinen Skiweltmeisterschaften. Das Timing war perfekt. Der zunehmende Wohlstand der Nachkriegsjahre bescherte den Amerikanern einen neuen Lebensstil. Sie hatten plötzlich mehr Freizeit und genug Geld, diese zu gestalten. Die neuen Leidenschaften hießen Sport und Fitneß, und Skifahren verkörperte das optimistische, junge Amerika im Einklang mit der Natur. Der kleine Ort Aspen bot den Amerikanern eine perfekte alpine Infrastruktur, wie man sie von Europa kennt, gepaart

GEGENÜBER & LINKS Daß man die Skier in Aspen direkt vor der Haustür anschnallen kann, war – und ist – ein wichtiger Teil der Anziehungskraft des Ortes. Die Qualität des Skigebietes war ein weiterer bedeutender Faktor. Sie lockte hochkarätige Sportler wie Dick Durrance hierher und etablierte Aspen als Ort internationaler Ski-Ereignisse.

mit dem Flair und dem sonnigen Klima Colorados. Aber das war noch nicht alles. Hand in Hand mit dem Ski-Boom erlebte die Stadt eine kulturelle Blüte, die sie über andere malerische Wintersportorte des amerikanischen Westens erhob. Dank seiner Musik- und Filmfestivals, des Physics Institutes, zahlreicher Kunstgalerien, seiner historischen Architektur und einer begeisternden Umgebung entwickelte sich Aspen zum Magneten für eine alternative und kreative Szene. In ihrem Buch *Aspen: Dreams and Dilemmas* beschreibt Peggy Clifford diese Anziehungskraft: »Aspens umwerfende Lage, die offene Atmosphäre, seine Originalität, die raffinierte Mischung von Kunst und Sport machten den Ort zur einzigartigen Attraktion.«

Aspen wurde zum Trendsetter, revolutionierte die Skimode mit Keilhosen und Daunenjacken und sicherte dem Freestyle seinen festen Platz im Skisport. Hierher zog es die Reichen und Schönen, Ski-Begeisterte und Prominente wie Gary Cooper, Jack Nicholson und John Denver. Wer etwas auf sich hielt in Amerika, mußte sich in Aspen sehen lassen. In den 60er und 70er Jahren waren die Grundstückspreise noch relativ niedrig, und viele konnten sich den Traum von einem Domizil in Aspen erfüllen. Bauauflagen gab es noch nicht; gebaut wurde, was gefiel und wozu die Landschaft inspirierte: Gebäude im schlichten Stil des amerikanischen Westens oder im klassischen europäischen Chalet-Stil oder in einer Mischung aus beidem. Alle, die damals wie später dem Ruf dieses Ortes folgten, teilen eine tiefe Achtung vor den mächtigen Bergen und eine grenzenlose Leidenschaft für den Skisport und die ihm eigene Lebensart.

GEGENÜBER Das große, nach Süden gelegene Eßzimmer bietet einen Panoramablick über die Berge von Aspen. Das Fichtenholz im Inneren des Hauses erfüllt die Räume mit dem zartsüßlichen Duft der umliegenden Wälder.

HÜTTENZAUBER

Für den Architekten Wayne Poulsen ist die Südseite des Aspen Mountain einer der schönsten Flecken in ganz Amerika. Hier hat er sich mit Holz und Stein aus der Umgebung ein kleines Chalet in der Tradition europäischer Berghütten gebaut. Der Aspener Architekt ist auf Bauten in Gebirgsregionen spezialisiert, die sich – wie auch dieses Chalet – harmonisch in ihre alpine Umgebung einfügen.

An seiner Skihütte baute er vier Jahre lang mit eigenen Händen. Die massiven Hölzer stammen von Fichten des vier Hektar großen Grundstücks, das früher einmal ein Claim gewesen war. Das Haus zeugt von Poulsens großer Erfahrung auf dem Gebiet der Gebirgsarchitektur wie auch von seiner Liebe zum Aspener Skigebiet. So ist es im Stil eines Schweizer Chalets des späten 19. Jahrhunderts gebaut, hat aber anders als dieses keine kleinen, mit hölzernen Läden versehenen Fenster, sondern große Glasfronten mit Blick auf die unberührte Berglandschaft. Dank des meist sonnigen Klimas dieser Gegend dringt mehr Wärme ins Haus ein, als durch die Glasflächen verlorengeht. Gleichzeitig stellen die gläsernen Wände eine Verbindung des Hausinneren mit seiner wilden, abgeschiedenen Umgebung her.

In der Hütte verbreitet das Fichtenholz sein zart-süßliches Aroma und schafft eine schlichte, gemütliche Atmosphäre. Unter dem offenen Dachstuhl liegt der große, nach Süden gelegene Wohnraum mit integriertem Koch- und Eßbereich.

GANZ LINKS Da die Fahrt mit der Schneekatze von Aspen aus nur zwanzig Minuten dauert, ist die Hütte eine ideale Basis für Tagesskitouren abseits der Pisten.

LINKS & GEGENÜBER Der Architekt Wayne Poulsen baute die Hütte selbst aus Holz von umgestürzten Bäumen des umliegenden Geländes. Inspiriert hat ihn die traditionelle Kunst des Berghüttenbaus.

Schlafzimmer, Badezimmer und weitere, in einer Galerie untergebrachte Schlafräume vervollständigen den alpinen Schlupfwinkel. Das Mobiliar ist rustikal. Ein riesiges Schlafsofa in traditionell skandinavischem Stil dient als Sitzgelegenheit am offenen Kamin. Der lange Eßtisch ist aus massiven Baumstämmen gefertigt, die nach klassisch alpiner Art verbunden sind.

Die fast 100 Quadratmeter große Hütte bietet genügend Platz für die Ski-Wochenenden. Von seinem Hauptwohnsitz und Büro in Aspen bis zum Chalet sind es 20 Autominuten auf einer unbefestigten Straße, die sich auf der Rückseite des Aspen Mountain hochwindet. Die Straße diente einst als Zugangsweg zur Mine und kann im Winter nur mit einer Schneekatze befahren werden. Von der Hütte aus geht es noch ein kleines Stück den Berg hinauf, und dann steht man auch schon auf der Piste.

Ursprünglich als einfache Skihütte geplant, ist das Haus heute viel mehr. Mittlerweile verbringt Poulsen hier auch unter der Woche viele Tage alleine oder mit Freunden. Über dem offenen Feuer im großen Kamin wird gegrillt, und wenn die Gäste über Nacht bleiben wollen, ist auf der Schlafgalerie genügend Platz. Jeden Sommer, wenn das Kulturleben der Stadt aufblüht, veranstaltet Poulsen ein privates Piano-Festival, auf dem er selbst und geladene Gäste an seinem Flügel Konzerte geben. Trotz des unzweifelhaften Reizes, den die Hütte im Sommer besitzt, wenn die Wiesen davor mit Wildblumen übersät sind, erst im Winter entfaltet das Haus seinen ganzen Charme: Dann scheint die weite, schneebedeckte Landschaft draußen geradezu die Wärme des Kaminfeuers im Inneren zu verstärken, und zarter Fichtenduft erfüllt die Räume.

OBEN, UNTEN & RECHTS Kommen Freunde unter der Woche oder am Wochenende zu Skiausflügen, sitzen sie auf dicken Kissen um den großen offenen Kamin oder auf dem ausladenden Liegebett im norwegischen Stil. Die Galerie unter dem Dach bietet genügend Schlafplätze. Wenn Poulsen im Sommer sein privates Musik-Festival veranstaltet, rückt der Flügel in den Mittelpunkt.

VAL GARDENA

OBEN & GEGENÜBER Da in der Hütte so häufig Freunde empfangen werden, nimmt der Küchen- und Eßbereich den meisten Raum ein. Um die Aussicht optimal zu nutzen, sind die Fenster ungewöhnlich groß. Da Aspen relativ südlich liegt und die Wintersonne sehr intensiv ist, dringt durch die Fenster mehr Wärme ins Haus, als durch die Scheiben verlorengeht.

LINKS & OBEN Im Winter können sich die Einwohner dieser wilden Gegend nur auf Skiern oder mit einer Schneekatze fortbewegen. Der einzige befahrbare Zugang ist ein unbefestigter Weg, der einst von den Minenarbeitern genutzt wurde. Doch gerade diese Unzugänglichkeit hat die wunderschöne Unberührtheit der Gegend bewahrt.

GEGENÜBER Die organische Architektur des Hauses mit ihren lebendigen Formen und der surrealistischen Optik hat ihren Ursprung in der alternativen Kultur der 70er Jahre. Wie die Schale eines Nautilus schraubt sich das Haus vom inneren Kern heraus zu einem geschwungenen, offenen angelegten Wohnbereich.

IM SCHNECKENHAUS

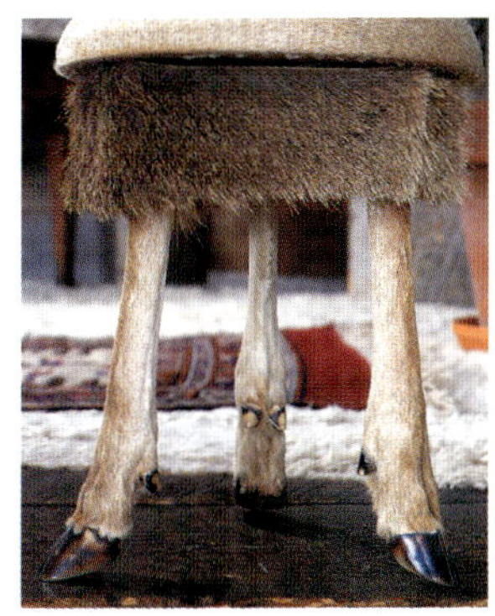

Eingerollt wie die Schale eines überdimensionalen Nautilus liegt das außergewöhnliche Haus von Peter und Patricia Findlay am Fuße des Buttermilk-Skigebietes. Baumaterialien und Raumstruktur schaffen ein wahrhaft organisches Gebilde: Das Haus – hauptsächlich aus Holz und Steinen der Umgebung errichtet – ist so in den Boden eingelassen, daß es von bestimmten Blickwinkeln aus optisch mit der Umgebung verschmilzt. Im Inneren laufen alle Räume in einem zentralen, offenen Kern zusammen, der sich durch alle drei Etagen des Hauses zieht. Es gibt keine verputzten Wände, alle Oberflächen sind roh belassen, und die Räume gehen fließend ineinander über.

Es war diese unkonventionelle Architektur, die die Findlays faszinierte, als sie sich in Aspen nach einem Feriendomizil umsahen. Entdeckt hatten sie das Haus durch eine Anzeige, die ausschließlich Fotos von der Aussicht zeigte, die das Gebäude zu bieten hatte. Ihre Neugier war geweckt, und sie überredeten einen unwilligen Immobilienmakler, es mit ihnen zu besichtigen – so sehr der sie auch zu überzeugen suchte, daß das reine Zeitverschwendung sei; die ungewöhnliche Erscheinung des Hauses hatte schon seit Jahren alle potentiellen Käufer abgeschreckt. Die Findlays jedoch wußten sofort den individuellen Charakter zu schätzen und kauften es. Sie betrachteten das Gebäude nicht nur als wundervolles Beispiel organischer Architektur, sondern auch als wertvolles Stück der jüngeren Geschichte Aspens.

RECHTS Die Sitzecke mit ihren geschwungenen Formen ist aus Flußsteinen gemauert. Der massive Kamin nahe der niedrigen Sitzmöbel produziert eine intensive Hitze. An der Wand hängt ein Paar alter Schneeschuhe.

GEGENÜBER Alle verwendeten Materialien sind der Umgebung entnommen. Das meiste Holz stammt aus den Minen um Aspen, die Steine kommen aus dem Flußbett. Der phantasievolle Erbauer errichtete das Haus fast ohne fremde Hilfe.

Das Haus repräsentiert ein Stück Hippiekultur, die Einheimischen nennen es nur das »Pilzhaus« – eine Anspielung auf die halluzinogenhaltigen ›Zauberpilze‹, denen der ursprüngliche Eigentümer angeblich zugetan war. Er war einer der vielen, die in den 60er und 70er Jahren auf der Suche nach einem alternativen Lebensstil in Einklang mit der Natur nach Aspen kamen. Mit eigenen Händen wollte er mit Materialien der Umgebung sein ›Hippieparadies‹ bauen: Für das Fundament schleppte er tonnenweise Steine aus dem Fluß und hievte aus den Tiefen der alten Minen Holzbalken, die er für das Dach und Teile der Innenkonstruktion verwendete. Das Mobiliar war niedrig, zwanglos und, dem Stil der Zeit gemäß, vorwiegend fest eingebaut.

Da alles wunderbar zusammenpaßte, änderten die Findlays kaum etwas. Nur hier und da fügten sie ein paar dekorative Details hinzu. Die fest montierte Couch im kreisförmigen Wohnbereich ist noch immer mit dem ursprünglichen Stoff bezogen. Dem Eßzimmer blieb die in den 70ern speziell für diesen Raum angefertigte Hängelampe erhalten. Die offenen Kamine – tiefe Nischen in den Steinwänden – und die willkürlich angeordneten Buntglasfenster sind alle noch intakt. Auch das Schlafzimmer, der wohl spektakulärste Raum des Hauses, ist ganz im Sinne des Erbauers belassen: Fast den gesamten Raum füllt ein enormes rundes Wasserbett aus. Durch die großen Fenster in der geschwungenen Außenwand und ein riesiges Oberlicht blickt man vom Bett aus auf die Bäume, Berge und in den nächtlichen Sternenhimmel. Und auch ohne den Genuß besagter Pilze kann die Nacht hier zu einer wahrhaft surrealen Erfahrung werden.

GEGENÜBER & OBEN LINKS Als die Findlays das Haus übernahmen, wirkte es im Inneren wie ein Urwald – man ertrank förmlich im Grün der Pflanzen. Das Paar entfernte einen Großteil von ihnen, um den Innenraum zu öffnen und zu vereinfachen. Die übriggebliebenen Palmen und Farne geben dem Haus etwas von einem lebenden Organismus.

OBEN RECHTS Der Kamin im Hauptwohnbereich ist ein Element des alternativen Lebenskonzepts, das dieses Haus verkörpert. Er besteht aus einer Metallkonstruktion, die in einem gemauerten Hohlraum sitzt. Luftschlitze auf jeder Etage verteilen die Wärme.

GEGENÜBER Architektonische Elemente des späten 19. Jahrhunderts reflektieren die hübsche viktorianische Fassade und strukturieren den Innenraum. Doch der Architekt wandte sie nicht streng historisch an, sondern integrierte sie in eine moderne, offen angelegte Raumplanung.

Viktorianisches Erbe

In Aspens Ortskern stößt man überall auf die viktorianische Vergangenheit der Stadt. Backsteinbauten mit farbig bemalter Holzverschalung, Veranden mit schmiedeeisernen Geländern und Buntglasfenster zeugen von dem Wohlstand, den die Silberminen im 19. Jahrhundert brachten. Mit dem Niedergang der Stadt verfielen auch viele der Häuser. Einige wurden ihrem Schicksal überlassen, andere restauriert und in Verwaltungsgebäude und Läden umgewandelt, die heute den Kern des Geschäftszentrums bilden und der Stadt ihr einzigartiges Gesicht geben.

An der Mill Street steht ein viktorianischer Klassiker, den sich heute verschiedene Läden, eine luxuriöse Privatwohnung und der Caribou Club teilen. Dieses Gebäude, 1890 als Warenhaus erbaut, diente nach dem Bankrott unter anderem als Leichenhalle, Bordell – einschließlich geheimer Tunnel, durch die die Gäste bei einer plötzlichen Polizeirazzia fliehen konnten – und als Gasthaus, für das die obere Etage in viele kleine Kammern unterteilt wurde. Als der Galerist Harley Baldwin das Gebäude entdeckte, war es kaum mehr als eine Ruine. Doch er erkannte das Potential des Hauses und begann mit der langwierigen Restaurierung. Als erstes ging es darum, den rigiden Auflagen der Historischen Gesellschaft Aspens gerecht zu werden, die alle baulichen Vorhaben im alten Ortskern überwacht. Zusammen mit dem Architekten Wayne Poulsen und den Innenausstattern Peter Kunz und Alan Tanksley entwickelte Baldwin Pläne, die die strengen Vorschriften berücksichtigten. Die

RECHTS & GANZ RECHTS Harley Baldwin schätzt antike Objekte wie etwa diese Holz- und Pappmaché-statue aus New Mexico (17. Jahrhundert) wegen der Schönheit ihrer strukturreichen Oberflächen. Die Platte des Eßtisches war ursprünglich eine alte Tür aus dem 16. Jahrhundert.

GEGENÜBER Ein Navajo-Teppich, indonesische Tische und Skulpturen von Donald Baechler (innen) und Brian Hunt (im Garten) verbreiten im Schlafzimmer eine urtümliche Atmosphäre.

Fassade erhielt ihren alten Glanz zurück, mit Schmuckelementen im manieristischen Stil des späten 19. Jahrhunderts, in dem die Baumeister in Aspen viktorianische Details auf verfügbare Baumaterialien – zumeist Holz statt der in England gebräuchlichen Materialien Eisen, Stein und Ziegel – übertragen hatten. Heute bietet die Vorderfront des Hauses mit seinem Backsteinmauerwerk, der langen Veranda und den hohen Fenstern einen imposanten Anblick. Doch der Clou des Hauses ist von der Straße aus nicht zu sehen: Die großen Fenster auf der Rückseite des Gebäudes bieten eine ungehinderte Sicht auf die schneebedeckten Hänge.

Über dem Club im Souterrain und den Geschäften im Erdgeschoß liegt Baldwins großzügiges Penthouse, dessen Innenarchitektur die historische Fassade widerspiegelt. In den hohen Decken, Säulen, Kapitellen, Rundbögen, Zierleisten und Gesimsen setzt sich bis ins kleinste Detail der äußere Stil fort. Doch die Raumgliederung und die Auswahl des Mobiliars sind alles andere als altmodisch. Die Zimmer gehen fließend ineinander über und sind nur minimal durch Wände getrennt. Im Wohnbereich kann Baldwin seiner Leidenschaft für moderne Kunst frönen. Helle Wände, Böden und niedrige Sofas bilden eine zurückhaltende Kulisse für großflächige moderne Malerei, Skulpturen und antikes Porzellan. In den übrigen Räumen fügt sich moderne Kunst nahtlos in eine Sammlung aus Barock, Klassik, Renaissance und sogar naiver Kunst ein. So entstand ein distinguiertes, weltmännisches Domizil im elegantesten Urlaubsort der Vereinigten Staaten.

BIRTH
COOL
art

LINKS & OBEN Die frischen weißen Wände und kannelierten Schmuckelemente im Wohnzimmer orientieren sich optisch an der Säulenveranda der historischen Fassade. Die helle Farbgebung bietet einen neutralen Hintergrund für Arbeiten zeitgenössischer Künstler, darunter ein großes Gemälde von Elizabeth Murray und eine Skulptur von Bryan Hunt.

OBEN LINKS & RECHTS Über einer Konsole, die aus zwei Gartenskulpturen der französischen Empire-Zeit und einer Glasplatte geschaffen wurde, hängt ein Gemälde von Robert Rauschenberg. Der Tisch wird von zwei edlen Stühlen flankiert, deren flaschengrüne Lederpolster mit Rundkopfnieten befestigt sind. Die Stühle sind englische Nachbauten aus der Zeit Edwards VII. und wurden zusammen mit vier weiteren in London erstanden.

RECHTS Mit Hilfe des Innenarchitekten Peter Kunz hat Baldwin einen Hauch von Urbanität nach Aspen gebracht. Gemeinsam schufen sie – wie hier im Flur – eine effektvolle Mischung historischer Stile und moderner Kunst. Zwischen zwei Empire-Stühlen steht eine kleine Bronzefigur von Donald Baechler. Darüber hängt ein weiteres Gemälde von Rauschenberg.

GEGENÜBER Von einer Vorliebe für klare Linien, helle Farben und moderne Technik ist dieses Aspener Interieur inspiriert. Mit ihrer kantigen Form und dem hellen Ahornbelag ist sogar die Treppe ein kleines Meisterwerk der Baukonstruktion.

Moderne Bergwelt

Das Haus der Familie Hernandez liegt am Rande von Aspens historischem Stadtteil Westend. Der auffallende Bau verbindet ein Gespür für das viktorianische Erbe der Stadt mit modernen organischen Formen, dank derer das Haus mit dem See, den Hügeln und den Bergen zu verschmelzen scheint.

Als Bauingenieurin hatte Noelle Hernandez eine klare Vorstellung, wie ihr Haus aussehen sollte. Die Anklänge an die viktorianische Architektur, für die Aspen so berühmt ist, waren nicht nur notwenig, um die strengen Bauauflagen zu erfüllen, sondern kamen auch ihrem Bedürfnis entgegen, das neue Domizil in Einklang mit den historischen Häusern der Umgebung zu gestalten. Gleichzeitig galt es, moderne Architektur wie etwa das im Bauhaus-Stil errichtete Gebäude des nahegelegenen Aspen Institute zu berücksichtigen. Das Ergebnis ist eine perfekte Synthese beider Stilformen: Spitze und geschwungene Dachführung wechseln einander ab, besitzen jedoch eine einheitliche Zinkverkleidung, die im Winter den Schnee abgleiten läßt. Die Außenwände sind mit Betonplatten verkleidet, deren Oberflächen durch eine Säurebehandlung weicher erscheinen; sie schützen das Hausinnere vor der intensiven Sonneneinstrahlung.

Manchmal stellte Noelle ästhetische über praktische Erwägungen, so auch im Falle der Fenster im Wohnzimmer, die einen ungehinderten Blick auf die Berglandschaft gewähren. Sie sollten so groß wie möglich sein, ohne dabei nackt und kalt

RECHTS Das ausgefallene Mobiliar im Eßzimmer ist der Nachbau einer Rennie-Mackintosh-Eßgruppe.

GEGENÜBER Der eindrucksvolle Eingang bestimmt das Erleben des gesamten Hauses. Die Besucher betreten es durch einen langen, mit Ahornholz verkleideten Korridor, an dessen Ende sie ein kleiner Flügel erwartet, der einst den Luxusdampfer *Queen Mary* zierte.

zu wirken. Daher entschied sie sich für gitterartige Fensterrahmen aus Holz. Auch in den anderen Bereichen des Hauses zeugen die warmen Töne heller Hölzer von Noelles Einfluß. Die Details der Innenausstattung sind dagegen Cecils Werk. Der begeisterte Kunstsammler richtete die Räume mit einem Kennerblick ein, der dem Stil der 1920er und 30er Jahre verpflichtet ist. Ob eine Rennie-Mackintosh-Eßgruppe im Eßzimmer, moderne amerikanische Malerei im Wohnbereich oder eine Art-déco-Kommode im elterlichen Schlafzimmer – Cecils Einrichtungsideen wurzeln wesentlich in der Moderne.

Noelle und Cecil sind beide begeisterte Skiläufer: Im Winter verbringen sie drei oder vier Vormittage in der Woche mit dem Snowboard auf den Pisten, während die Kinder in der Schule sind. Und wenn der neue Pulverschnee fällt, steht alles still, und die ganze Familie geht skifahren. Im Sommer füllen sie die Zeit bis zum ersten Schnee mit Wandern und Mountainbike fahren. Um den Anblick der überwältigenden Landschaft zu genießen, müssen die Hernandez noch nicht einmal einen Fuß vor die Tür setzen: Von der Küche aus blickt man auf das Naturschutzgebiet mit dem Smuggler Mountain im Hintergrund, und nur eine Glasscheibe trennt die Hausbewohner von der Tierwelt der Rocky Mountains – im Winter spielen in ihrem Garten die Füchse und im Sommer die Bären. Aus dem Schlafzimmer im Obergeschoß schaut man zur einen Seite auf den Aspen Mountain, zur anderen auf den Red Mountain. Die Aussicht ist wie gemacht für die Ski-begeisterte Familie – der erste und der letzte Blick eines jeden Tages fällt auf die Berghänge.

LINKS Die einzige Dekoration im sparsam eingerichteten Wohnzimmer sind Kunstwerke des amerikanischen Westens aus dem frühen 20. Jahrhundert. Die klaren Linien und die weißen Wände korrespondieren mit der Landschaft draußen. Hinter den Glastüren ist ein raffinierter, mit Gas unterstützter Kamin verborgen.

OBEN Trotz der Konzessionen an Aspens viktorianisches Architekturerbe ist die Hausfassade fest in zeitgenössischem Design und moderner Bautechnologie verwurzelt.

OBEN & RECHTS Die gesamte Ahorntäfelung im Haus wurde meisterhaft von einem Kunsthandwerker aus Tabernash, Colorado, gefertigt, den Noelle Hernandez bei einem Bauprojekt kennenlernte. Der lange, ahornverkleidete Korridor im Erdgeschoß dient als Hintergrund für einige effektvoll plazierte Kunstwerke der Moderne. Am einen Ende setzt der Nachbau eines Rennie-Mackintosh-Stuhls einen optischen Akzent.

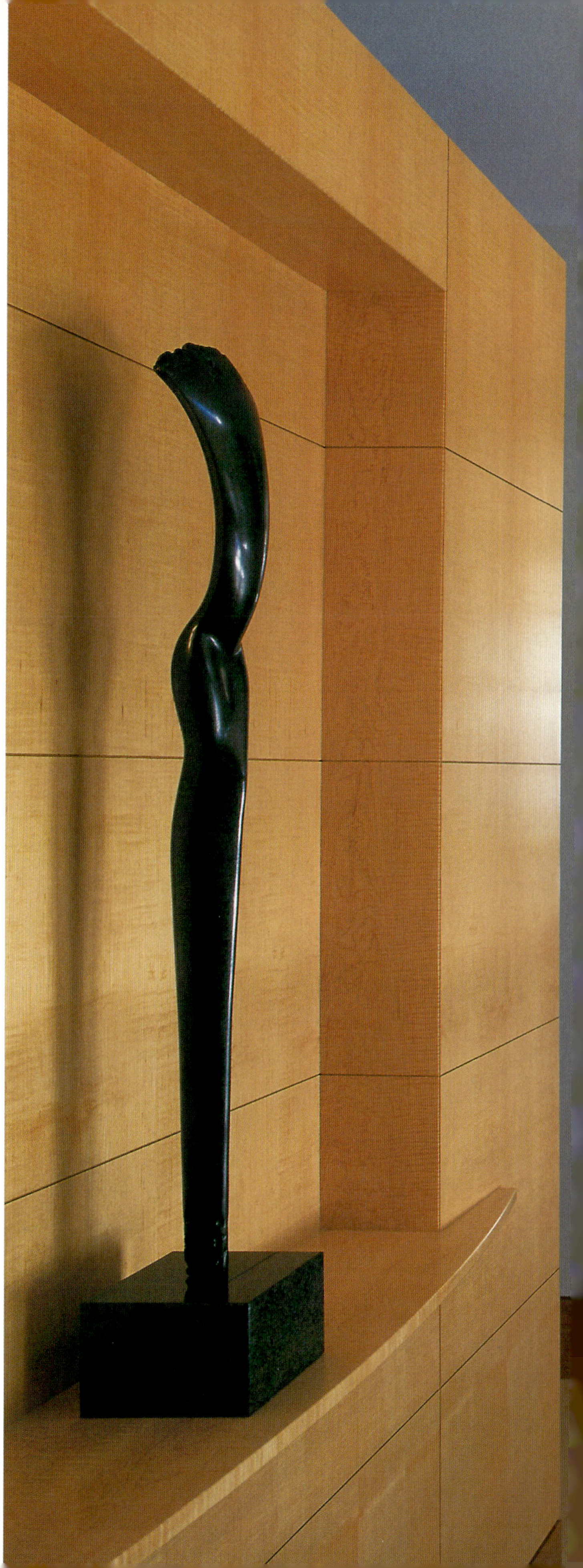

GEGENÜBER Die klaren, geschwungenen Linien der Treppe sind bezeichnend für das gesamte Interieur von Jack Silvermans Haus. Elegante Formen, eine kreative Raumaufteilung und die dynamisch-maskuline Atmosphäre spiegeln die beiden Leidenschaften des Eigentümers wider: Kunst und Sport.

Sportives Interieur

Beim Anblick seines jetzigen Zuhauses ist es kaum zu glauben, daß Jack Silverman auf diesem Grundstück jahrelang eine kleine Blockhütte bewohnte. Eigentlich war er auch ganz zufrieden damit, aber Änderungen in Aspens strengen Bauvorschriften drängten zum Handeln. Es war an der Zeit, ein richtiges Haus zu bauen, bevor neue Auflagen dies unmöglich machen würden. Auf dem schmalen, länglichen Grundstück kam ein konventionelles Gebäude allerdings nicht in Frage. Und so entstand schließlich ein schmaler, sich verjüngender Bau, der sich ›schmiegsam‹ den beengten Bedingungen anpaßt, aber im Inneren eine großzügige Raumwirkung entfaltet.

Silvermans Haus ist keine sechs Meter breit, doch die Dimensionen erinnern eher an ein New Yorker Loft als an einen Wohnwagen. Im Inneren gibt es keine Wände, sondern nur Raumteiler unter einer freitragenden, stahlverstärkten Dachkonstruktion. Um die kleine Grundfläche optimal zu nutzen, baute Silverman nach unten: Er hob einen Keller aus und richtete dort ein Atelier ein. Ein wichtiges Element der Innenausstattung ist die Beleuchtung im Hause: Sie soll nicht nur die vorhandene Helligkeit erhöhen, sondern auch den Eindruck von scheinbar großzügigen Räumlichkeiten verstärken.

Am einen Ende des schmalen Hauses verläuft ein offener Kern über alle Etagen, der dank einer großen Fensterfläche von natürlichem Licht durchflutet wird. Das Design dieser Fensterwand ist der New Yorker Grand Central Station entlehnt.

KOA

GEGENÜBER & RECHTS Um in dem schmalen Haus das Licht optimal zu nutzen, sind Wände und Decken in hellem Ahornholz und cremeweißem Putz gehalten. Die Wände reichen nicht bis zur Decke, sondern fungieren eher als Raumteiler. Eine intelligent eingesetzte Beleuchtung hellt den Innenraum zusätzlich auf.

Die Liebe zu Design-Klassikern zieht sich wie ein roter Faden durch das gesamte Haus. So erinnert zum Beispiel seine schmale und langgestreckte Form an eine elegante Eisenbahnlok.

Dieser Sinn für Aerodynamik setzt sich in Silvermans persönlichen Interessen fort. Er ist ein begeisterter Sammler – und Fahrer – von alten Motorrädern. Wenn seine Sammlerstücke nicht gerade als Leihgabe zum Beispiel im Guggenheim-Museum stehen, nehmen sie einen Ehrenplatz in seinem Wohnzimmer ein. Fahrräder sind eine weitere Leidenschaft, und eine ganze Sammlung von ihnen hängt von der Decke über dem Wohnzimmer. Ein Koa-Surfbrett zeugt von Sommeraufenthalten auf Hawaii, und Langlaufskier von Silvermans Zeitvertreib im Winter. Auch die Skiabfahrt fehlt nicht in seinem sportlichen Repertoire. Im Winter trifft man ihn nahezu jeden Morgen auf den Pisten des Aspen Mountain.

Es ist schon erstaunlich, daß sich jemand mit einer Leidenschaft für Geschwindigkeit und Technik gleichzeitig auch für indianische Kunst und Artefakte interessiert. Der neutrale Hintergrund von Silvermans Haus bietet eine hervorragende Ausstellungsfläche für Töpferwaren, indianische Puppen, folkloristische Objekte, Totems, Gemälde und Fotografien der amerikanischen Ureinwohner. Von Silvermans Faszination zeugen auch seine berühmten Siebdrucke mit indianischen Motiven. In seinem Kelleratelier entstehen detailgetreue Abbildungen von Decken und anderen Textilien auf Papier, die er an Sammler und Galerien in der ganzen Welt verkauft.

OBEN & RECHTS Fast alle Räume zeugen von Silvermans Liebe zum Sport und zur Kunst; so auch die Bibliothek im Untergeschoß, wo Sportgegenstände neben indianischer Kunst zu sehen sind. Ski-, Rad- und Motorradfahren sind seine Hobbies, und mit seinen alten Ducati- und Benelli-Motorrädern fährt Silverman regelmäßig Rennen.

GEGENÜBER & LINKS Seine zahlreichen Fahrräder verwahrt Silverman nicht etwa in einer Garage oder einem großen Dielenschrank, sondern stellt sie offen aus und macht sie damit zu Einrichtungselementen im Wohn- und im Schlafzimmer.

UNTEN Aufgrund der geringen Ausmaße des Hauses ist der Platz für eine Küche begrenzt. Die moderne, ahornverkleidete Küche in einer Nische neben dem Wohnzimmer ist funktional und nutzt den vorhandenen Raum optimal aus.

GEGENÜBER Von dem Haus der Künstlerin Holly Lueders bietet sich ein Blick auf den Roaring Fork River und das Naturschutzgebiet North Star. Die Lodge wurde so entworfen, daß sie mit der verschneiten Bergwildnis harmoniert.

PIONIERGEIST

Das Haus der Künstlerin und Innenarchitektin Holly Lueders steht ganz im Zeichen des amerikanischen Pioniergeistes. Trotzdem wirkt es nicht nostalgisch; es sind eher die rauhen, naturbelassenen Materialien und die organisch wirkende Raumausstattung, die den Charakter des Hauses prägen. An der Südseite des Smuggler Mountain, im North-Star-Naturschutzgebiet, fügt sich das Winterdomizil nahtlos in die verschneite Wildnis ein.

Holly Lueders gab ihrem Haus liebevoll den Namen North Star Lodge, und tatsächlich macht der weitläufige, zweigeschossige Bau, der sich unter vier Giebeldächern den Hang entlangstreckt, seinem Namen alle Ehre. Eine breite Veranda, die sich über die gesamte Länge der Fassade zieht, dient der Künstlerin als Freiluftwerkstatt; sogar die kalten Wintertage verbringt sie hier draußen und arbeitet an ihren Keramikobjekten, durch die sie bekannt geworden ist.

Das massive Holz der Innen- und Außenkonstruktion stammt von umgestürzten Bäumen aus der Umgebung und dem Yellowstone-Nationalpark. Die mächtigen Stämme mit einem Durchmesser von fast einem halben Meter dienen als natürlicher Schutz vor den Elementen. Auf der sonnigen Südseite des Hauses gewähren Panoramafenster, die vom Boden bis in den Giebel reichen, beeindruckende Ausblicke auf den Roaring Fork River und das Naturschutzgebiet. Auch im Inneren sind die Strukturen natürlicher Materialien allgegenwärtig: mit Baumrinde oder Natursteinplatten verkleidete Wände, Kronleuchter

RECHTS Die massiven Holzbalken, aus denen das Haus gebaut ist, stammen von umgestürzten Bäumen in den Nationalparks Yellowstone und Vail. Sie sind so dick, daß sie eine natürliche Wärmedämmung darstellen und das Haus kaum geheizt werden muß.

GEGENÜBER Die Familie besitzt zwar mehrere Häuser, doch die Winter verbringt sie hier. Ob Langlauf oder Abfahrt – von Januar bis März fährt sie fast jeden Tag Ski. Bei Aufenthalten im Sommer treten Radfahren und Angeln an die Stelle des Wintersports.

aus Wapitigeweihen und Bettgestelle aus groben Ästen. Mit der Gestaltung der Innenräume beauftragte Lueders Innenarchitekten und Kunsthandwerker. Das Holz für die Einrichtung wurde sorgfältig ausgewählt und plaziert, um interessante Eigenschaften des Materials wie Astlöcher oder Maserungen ins Blickfeld zu rücken. Eine gemütliche Ausstattung ist für Lueders jedoch ebenso wichtig wie die rauhen Materialien aus dem Gebirge. Die beiden Komponenten bilden einen reizvollen Kontrast, der durchaus zum Stil der Pionierzeit paßt. Auch die ersten Siedler errichteten ihre Blockhütten aus massiven Kiefernstämmen und schmückten ihr Heim mit farbenfrohen Quilts und gemusterten Stoffen. In derselben Weise hat die Künstlerin mit Mustern und Farben Wärme und eine natürliche Verspieltheit in ihre Lodge gebracht.

Eine Schlüsselrolle nehmen Keramikarbeiten ein, für die die Künstlerin eine besondere Leidenschaft hegt: Das Material verkörpert die Synthese von rauhen und glatten Elementen, die beide charakteristisch für das Haus sind. Nach Originalvorlagen Henry Mercers, eines berühmten Keramikers der 20er Jahre, ließ sie daher in Pennsylvania eigens Dekorkacheln für ihr Haus anfertigen. In der Küche beispielsweise zeigen Mercers *Kacheln der Neuen Welt* Motive aus der Natur und den Legenden Nord- und Südamerikas. Rund um den Kamin in der Bibliothek stellen Keramikplatten das Leben der fiktiven Erzählfigur Rip van Winkle dar. In den übrigen Räumen vervollständigen Werke junger Keramikkünstler aus dem ganzen Land Lueders Hommage an die amerikanische Handwerkskunst.

LINKS & OBEN Das im Schutze des Smuggler Mountain gelegene Haus ist die meiste Zeit des Tages in helles Licht getaucht. Selbst im Winter nutzt Holly Lueders die sonnige Terrasse als Werkstatt. Bei schlechtem Wetter schützt ein überdachter Aufgang die Ankömmlinge auf ihrem Weg vom Auto zum Haus.

NORTHSTAR

GEGENÜBER & OBEN Im ganzen Haus bilden gemütliche Sofas, Kissen, gepolsterte Hocker und Teppiche einen Gegenpol zu den rauhen Oberflächen des Holzes und Natursteins. In den Wohnbereichen sind dekorative Kacheln ein weiteres Schlüsselelement der Innenarchitektur. Die Reproduktionen von Henry-Mercer-Fliesen um den Kamin in der Bibliothek erzählen die Geschichte Rip van Winkles.

RECHTS OBEN & UNTEN Wunderschöne und ungewöhnliche Objekte sind in die rauhe Grundstruktur des Hauses integriert – sei es eine edle Pendelleuchte aus geätztem Glas oder ein Backgammontisch aus Mosaiksteinen.

UNTEN & GEGENÜBER Das große Wohnzimmer bildet das Zentrum des Familienlebens. Holly Lueders wollte einen Raum schaffen, in dem alle zusammen sein und gleichzeitig ihren eigenen Beschäftigungen nachgehen können. Das Ergebnis sind zahlreiche gemütliche Sitzecken.

GEGENÜBER & OBEN Das Haus besitzt acht Schlafzimmer, jedes mit einem handgefertigten Bett aus dem Holz umgestürzter Bäume vom Grundstück. Im Kontrast zu den knorrigen Ästen der Bettgestelle mit den hohen, plastischen Kopf- und Fußteilen verbreiten die bestickten Decken und Kissen aus ungarischer Wolle Wärme und Gemütlichkeit.

OBEN & RECHTS Eines der beiden Schlafzimmer, zwischen denen Holly Lueders und ihr Mann je nach Jahreszeit wechseln. Die Wände sind mit Baumrinde verkleidet, die im Frühjahr gesammelt und dann sechs Monate lang gepreßt wurde. Der Kamin mit dem Mosaik aus verschiedenen Holzmustern und -oberflächen zeugt von der Handwerkskunst in den Rocky Mountains, wo einheimische Materialien kunstvoll verarbeitet werden.

OBEN & GEGENÜBER Das schneeweiß gehaltene Schlafzimmer greift die winterliche Landschaft draußen auf. Wie die übrigen Betten des Hauses wurde auch dieses von einem einheimischen Kunsthandwerker gefertigt und erweckt den Eindruck, als hätte die Natur ihren Weg ins Innere der Lodge gefunden. Die meisten anderen Möbel sind ebenfalls handgefertigt, so auch der rustikale Sessel aus Weidenholz.

Adressen

St. Moritz

Hotels

Badrutt's Palace Hotel

Via Serlas

Tel: 0041/81/8 37 10 00

In diesem Hotel begann der Wintertourismus in den Alpen

Kulm Hotel

Via Veglia 18

Tel: 0041/81/8 32 11 51

Legendärer Aufenthaltsort der VIP

Suvretta House

Via Chasellas 1

Tel: 0041/81/8 32 11 32

Zauberhaftes Luxushotel

Restaurants

Stüvetta Veglia

CH-7505 Celerina

Tel: 0041/81/8 33 80 08

Erlesene Engadiner Gerichte in einem Dorf nahe St. Moritz

Talvo

St. Moritz-Champfèr

Tel: 0041/81/8 33 44 55

Hervorragendes Essen in einem Haus aus dem 17. Jahrhundert

La Marmite

CH-7500 Corviglia

Tel: 0041/81/8 33 63 55

Die beste Adresse für einen Lunch an der Skipiste

Rund ums Skifahren

Ski Engadin

Via Grevas 6

Tel: 0041/81/8 30 00 00

Skitouren, Skipässe und Informationen zu den Pisten

La Fainera

Sils Maria

Tel: 0041/81/8 26 55 02

Alles für die (auch modische) Skiausrüstung, auch Verleih

GSTAAD

HOTELS

Grand Hotel Park
CH-3780 Gstaad
Tel: 0041/33/7 48 98 00
Luxuriöses Kurhotel

RESTAURANTS

La Bagatelle
Le Grand Chalet, Gstaad
Tel: 0041/33/7 48 76 76
Gourmetrestaurant

Restaurant Chlösterli
Grund bei Gstaad
Tel: 0041/33/7 55 19 12
Schweizer Spezialitäten

RUND UMS SKIFAHREN

Alpinzentrum Gstaad
CH-3780 Gstaad
Tel: 0041/33/7 22 40 06
Breites Angebot für Wintersport

KLOSTERS

HOTELS

Chesa Grischuna
Bahnhofstrasse 12
Tel: 0041/81/4 22 22 22
Entzückendes kleines Hotel mit hervorragendem Restaurant

RESTAURANTS

Rustico
Landstrasse 194
Tel: 0041/81/4 22 12 12
Feine Gerichte der Saison

Restaurant Alte Post
Aueja
Tel: 0041/81/4 22 17 16
Schweizer Spezialitäten

Walserhof
Landstrasse 141
Tel: 0041/81/4 10 29 29
Neueröffnetes Restaurant in einem kleinen, eleganten Hotel

Wynegg
Landstrasse 206
Tel: 0041/81/4 22 13 40
Rustikale Atmosphäre, regionale Küche, Fondues

RUND UMS SKIFAHREN

Swiss Ski School Klosters
Landstrasse 26
Tel: 0041/81/4 10 20 28
U. a. geführte Ski-, Snowboard- und Schneeschuh-Touren

Hartmann
Landstrasse 201
Tel: 0041/81/4 22 12 70
Große Auswahl an Sportbekleidung und Skiausrüstungen

CORTINA D'AMPEZZO

HOTELS

Cristallo

Via Menardi 42

Tel: 0039/04 36/42 81

Luxuriöse Unterkunft

De la Poste

Piazza Roma 14

Tel: 0039/04 36/42 71

Charaktervolles, altes Hotel

RESTAURANTS

Lago Scin

Strada Statale

Tel: 0039/04 36/23 91

Berühmt für seine regionale Kost

Ristorante Ospitale

loc. Ospitale

Tel: 0039/04 36/45 85

Spezialität sind Speckplatten

Il Meloncino

Gilardon

Tel: 0039/04 36/6 10 43

Berühmtes Lunch-Restaurant an der Skipiste

El Toulà

Ronco 124

Tel: 0039/04 36/33 39

Restaurant in einem alten Chalet, hervorragende regionale Küche

Lago Ghedina

Lago Ghedina, 2

Tel: 0039/04 36/23 91

Spezialiäten des Veneto in einem Chalet direkt am See

RUND UMS SKIFAHREN

Scuola Sci Cortina

Corso Italia 69

Tel: 0039/04 36/29 11

Eine der besten Skischulen, für Anfänger und Fortgeschrittene

EINKAUFEN

Giacobbi

Corso Italia 101

Tel: 0039/04 36/43 08

Trachten des Ampezzo-Tals und des übrigen Tirols

Zardini Stufe

Brite de Val 2

Tel: 0039/04 36/46 50

Traditionelle Keramiköfen

Art House

Corso Italia 96

Tel: 0039/04 36/8 68 98

Regionale Kunst, Antiquitäten und Kunsthandwerk

ASPEN

HOTELS

Hotel Jerome

330 East Main Street

Tel: 001/970/920 1000

1889 erbautes Luxushotel in viktorianischem Stil, mit einem Ballsaal, Bar und Restaurant

The Little Nell

675 E. Durant Avenue

Tel: 001/970/920 6330

Außergewöhnliches Hotel mit elegantem Restaurant im alpinen Stil

RESTAURANTS

Caribou Club

411 E. Hopkins Avenue,

Tel: 001/970/925 2929

Eleganter Club (nur für Mitglieder) mit Speiseraum, Tanzsaal, Weinkeller

Campo de Fiori

205 S. Mill Street

Tel: 001/970/920 7717

Trattoria mit norditalienischer Küche, rustikale Atmosphäre

Little Annie's

517 E. Hyman Avenue

Tel: 001/970/920 1490

Restaurant und Bar, bei den Aspenern besondes beliebt

Krabloonik

Snowmass Mountain

Tel: 001/970/923 3953

Wildgerichte und gute Weine an den Pisten des Snowmass

RUND UMS SKIFAHREN

Aspen Expeditions

426 S. Spring Street

Tel: 001/970/925 7625

Skitouren in einsame Bergregionen, Übernachtung in Berghütten

EINKAUFEN

Baldwin Gallery

209 South Galena Street

Tel: 001/970/920 9797

Führende Galerie für zeitgenössische Kunst

Silverman Museum Collection

www.silvermanmuseum.com

Drucke indianischer Stoffe von dem Künstler Jack Silverman, über das Internet zu beziehen

Aspen Potters

231 E. Main Street

Tel: 001/970/925 8726

Steingut und Töpferware von Künstlern aus Aspen

Aspen Santa Fe Trail

205 S. Mill Street

Tel: 001/970/925 7022

Ausgefallene Möbel im Amerikanischen Landhausstil

REGISTER

Kursiv gesetzte Zahlen verweisen auf Bildunterschriften.

DANKSAGUNG

Die Herausgeber danken all jenen, die ihnen gestatteten, ihre Häuser zu fotografieren. Sie möchten sich gleichzeitig dafür entschuldigen, daß aus Platzgründen nicht alle in diesem Buch aufgenommen werden konnten. Zu ganz besonderem Dank verpflichtet sind die Autoren und Herausgeber folgenden Personen: Wayne Poulsen, Harley Baldwin, Peter Kunz, Holly Lueders, Peter und Patricia Findlay, Cecil und Noelle Hernandez, Jack Silverman, Mason Beakley, Arnd Küchel, Bettina Müller, Leonardo Mondadori, Verde Visconti, Federica Sessa, Gunter und Mirja Sachs, Prinz und Prinzessin di Savoia, Claude Reyren, Eva Beckwith, Sonya Knapp, Claudine Pereira, Janet Fiahlo, Renata Andreatta, Daniela Luesch, Roberto Memmo, Alegra Getzel, Barbara Guler, Alda Fendi, Patrizia Nave, Roberto Cardassi, Nicole Hermenjat, Jan Brucker.

Klassische Ski-Poster, von links nach rechts: St Moritz (Seite 8), anonym, um 1950, von Christie's zur Verfügung gestellt; Cortina (Seite 94) von Franz Lenhart, um 1935, von Christie's zur Verfügung gestellt; Fred Iselin Ski School, Aspen (Seite 146), von Mason Beakley des American Ski Heritage Museum zur Verfügung gestellt.
Zusätzliche Poster: All Winter Joys (Seite 99) von Franz Lenhart, um 1955; Davos Parsenn (Seite 208) von Leo Keck, um 1940.
Foto Seite 7: Ranch von Antonia Zurcker, Blick von der Terrasse